¡También tú vives eternamente!

BERNARD JAKOBY

¡También tú vives eternamente!

Resultados de las investigaciones actuales sobre la muerte

Prólogo de Elisabeth Kübler-Ross

EDICIONES OBELISCO

Si este libro le ha interesado y desea que le mantengamos informado
de nuestras publicaciones, escríbanos indicándonos qué temas son
de su interés (Astrología, Autoayuda, Ciencias Ocultas, Artes Marciales,
Naturismo, Espiritualidad, Tradición...) y gustosamente le complaceremos.

Puede consultar nuestro catálogo en www.edicionesobelisco.com.

Colección: NUEVA CONSCIENCIA
¡TAMBIÉN TÚ VIVES ETERNAMENTE!
Bernard Jakoby

1.ª edición: julio del 2005

Título original: *Auch du lebst ewig*
Traducción: *Rosa Renedo*

Diseño de cubierta: *Enrique Iborra*
Compaginación: *Antonia García*

© 2000, Langen Müller in der F.A. Herbig Verlagsbuchhandlung GmbH, München
© 2005, Ediciones Obelisco, S.L.
(Reservados todos los derechos para la presente edición)

Edita: Ediciones Obelisco, S.L.
Pere IV, 78 (Edif. Pedro IV) 3.ª planta 5.ª puerta
08005 Barcelona-España
Tel. 93 309 85 25 - Fax 93 309 85 23
E-mail: obelisco@edicionesobelisco.com

ISBN: 84-9777-201-6
Depósito Legal: B-17.353-2005

Printed in Spain

Impreso en España en los talleres gráficos de Romanyà/Valls, S.A.
de Capellades (Barcelona).

Agradecimientos

Le agradezco su apoyo a la doctora Elisabeth Kübler-Ross, que ha despertado la conciencia de millones de personas acerca del tema de la muerte y la vida después de ella. Sin su participación en los intereses de los moribundos, un libro como éste habría sido imposible.

Le doy las gracias a mi madre, Hildegard Jakoby, que me demostró durante su mortal enfermedad de cáncer que los hombres somos capaces de vivir eternamente. Gracias a ella, a lo largo de mi vida me acompaña la certeza de que el amor es inmortal.

Por último, aunque no en último lugar, quiero dar las gracias a mi amiga, Elke Röder, por su paciencia y las innumerables horas que ha pasado frente al ordenador. Sin Elke este libro no se habría podido publicar.

Prólogo de Elisabeth Kübler-Ross

Este libro transmite una novedosa y completa visión sobre la muerte y la vida posterior a ella. El autor no sólo se ocupa de las experiencias cercanas a la muerte, sino también de los diferentes ámbitos, hasta ahora descuidados, de las investigaciones sobre la muerte en sí.

Estas últimas dejan claro que las experiencias «infernales» son un encuentro con el miedo que, una vez superado, se transforma en una experiencia luminosa. El libro habla además de las visiones en el lecho de muerte, al igual que de los contactos con los muertos, que son mucho más numerosos de lo que comúnmente se piensa.

Encuentro muy interesante el análisis de los resultados de las investigaciones sobre la reencarnación, donde el autor compara sobre todo las experiencias de muerte de las personas que fueron retornadas a una vida anterior, con las experiencias cercanas a la muerte. Otro capítulo se ocupa de las representaciones ultraterrenales de las religiones, basadas todas ellas en experiencias que amplían la consciencia.

Es digno de especial atención el capítulo titulado «Recordar» en el que el autor desarrolla el concepto de que el hombre es algo más que su cuerpo y su cerebro. Su consciencia existe de forma totalmente independiente de estos últimos. Las personas que han pasado por una experiencia cercana a la muerte se sitúan en un estado significativo espiritual superior.

Yo misma he tenido una experiencia de este tipo, y fue lo más bonito que he vivido en mi vida. La muerte no es otra cosa que un paso a otra forma del ser. Nos espera el más grande y más absoluto de los amores que uno sea capaz de imaginarse.

¡También tú vives eternamente! le ayudará a perder el miedo a la muerte. Gracias a este libro, podrá entender la muerte no como extinción, sino como un nuevo comienzo.

En el verano de 1999, el autor me visitó en mi casa, y durante todo un día hablamos largo y tendido. Cuando en otoño leí el manuscrito, muy trabajado, de *¡También tú vives eternamente!*, lo único que pude decir fue que se trataba de un libro maravilloso.

Dra. Elisabeth Kübler-Ross

Introducción

Quisiera invitarle a hacer un viaje que le llevará más allá de los paisajes conocidos y le transmitirá una realidad totalmente diferente.

Se trata del último viaje que todos tendremos que hacer antes o después: el paso, el tránsito, al que llamamos muerte.

Es hora de decirle a la gente que la muerte, al menos tal como la mayoría se la imaginan, no existe. La muerte no es más que un paso o tránsito a otra forma del ser.

En nuestro viaje nos encontramos con los dos valientes pioneros de la investigación sobre la muerte, Elisabeth Kübler-Ross y Raymond Moody. Este libro, no obstante, va más allá de los resultados de estos últimos, pues en él se contempla la laboriosa investigación sobre el tema de los últimos veinticinco años en su totalidad.

Hay millones de personas que han traspasado el umbral de la muerte en alguna ocasión. Ellos tuvieron la oportunidad de observar una realidad totalmente distinta. Las experiencias cercanas a la muerte (ECM) se investigan en todo el mundo y, basándose en esto, los científicos han encontrado un modelo que abarca todas estas experiencias. Pero no sólo se investiga sobre las ECM, sino también sobre las visiones en el lecho de muerte, los contactos con los muertos y los muchos ejemplos de reencarnación existentes.

¿Sabía usted que...

- los ciegos durante sus experiencias extracorporales pueden ver y describir personas y cosas?
- las personas que pasan por una experiencia cercana a la muerte, aun encontrándose a miles de kilómetros del lugar en el que se produce un accidente, son capaces de reproducir lo que los afectados dicen y hacen?
- las experiencias cercanas a la muerte son el factor desencadenante de un recuerdo espiritual, que permite iluminar un estado significativo espiritual superior, y que las personas que las viven sufren una transformación para siempre?
- los retornos a una vida anterior confirman los contenidos de las experiencias cercanas a la muerte?
- muchos niños, en cualquier parte del mundo, son capaces de recordar de forma espontánea una vida anterior?
- los contactos con los muertos se producen con mucha más frecuencia que las experiencias cercanas a la muerte y que suponen un inmenso potencial para *vencer* la tristeza?
- que hay casos documentados históricamente de experiencias que amplían la consciencia en todas partes del mundo y en cualquier época, y que constituyen la base de todas las grandes religiones?
- detrás de estas experiencias brilla la fuerza inagotable de la luz a la que llamamos Dios?

Incluso los investigadores de las Ciencias Naturales han descubierto en la actualidad que el hombre dispone de un código genético que contiene un programa de la muerte, previsto por la propia naturaleza y que traslada al hombre sin remisión de este mundo al otro.

Tras una experiencia cercana a la muerte, los hombres siempre pierden el miedo a morir. Tienen la *seguridad* de que ya no necesitan temerla nunca más. Puesto que este tipo de experiencias duran tan sólo unos pocos minutos, resulta muy sorprendente que casi todas las personas salgan de ellas reforzadas y llenas de confianza y esperanza. Se enfrentan al núcleo de la fuente de su existencia, a la luz al final del túnel. Y esta luz es un amor puro, verdadero y absoluto.

Este libro quiere transmitir esperanza más allá del miedo habitual. Al presentar los resultados básicos de las investigaciones sobre la muerte, se ofrecen perspectivas totalmente nuevas de esperanza y, sobre todo, de comprensión.

A este respecto, por supuesto, no deberemos olvidar a las personas que están en trance de muerte.

Si no dejamos solos a nuestros familiares y amigos, nuestra afectuosa compañía nos permitirá experimentar por nosotros mismos buena parte de los conocimientos que se transmiten en este acto y llevarlos a la práctica.

Es hora de perder el miedo ante el contacto con la muerte por ser innecesario. En este aspecto, las personas moribundas pueden ser nuestros maestros, y nosotros mismos, gracias a la compañía que les brindamos, percibiremos el estado significativo espiritual superior. Es así como podremos dar forma a nuestra propia existencia de manera más pacífica, armónica y libre de miedos.

Capítulo 1

Morir en la sociedad actual

En este capítulo se hablará de:

- cómo aparecieron las investigaciones sobre la muerte a mediados de la década de 1960 gracias a Elisabeth Kübler-Ross.
- las cinco fases por las que ha de pasar un moribundo: desde que se escucha un diagnóstico de muerte hasta la aceptación de la misma.
- cómo se entiende y se procede con la muerte en las clínicas modernas.
- lo que piensa Elisabeth Kübler-Ross sobre la muerte y el tránsito que ésta supone.

✺Modelo de las cinco fases según Kübler-Ross

Elisabeth Kübler-Ross fue en la década de 1960 la pionera en las investigaciones sobre la muerte. Ella fue la que le abrió las puertas al análisis científico actual de la muerte y del acto de morir. A mediados de esa década, en una ocasión en la que tuvo que sustituir a su profesor en una clase universitaria, decidió de manera espontánea hablarles sobre la muerte a los jóvenes futuros médicos.

Elisabeth fue a la biblioteca y comprobó que, aparte de indicaciones médicas y técnicas —sobre todo referentes a las necesidades físicas de los moribundos—, no había ningún escrito que tratara el tema. Entró en contacto con una joven enferma de leucemia, a la que pidió que le hablara de cómo se estaba preparando para morir. Esta petición, que exigía una increíble cantidad de valentía y sinceridad, puede tomarse hoy en día como la primera hora de la historia dedicada a la investigación sobre la muerte. Con aquella clase inquietante, Elisabeth Kübler-Ross rompió por fin el tabú que representaba el tema de la muerte, y a ella debemos agradecerle que, como consecuencia, se abrieran las puertas para un análisis científico acerca del acto de morir, de la muerte y también de lo que sucede tras ella. Fue la primera doctora que puso de relieve las necesidades psíquicas y humanas de los moribundos.

Las críticas de la clase médica no consiguieron hacerla desistir de continuar su camino con seriedad y firmeza. Renunció a su puesto en la clínica psiquiátrica y desde aquel momento estuvo presente junto a las camas de miles de personas en trance de muerte. Kübler-Ross recogió sus observaciones en el *best seller*, y hoy en día obra básica, *Sobre la muerte y los moribundos*.

Desarrolló lo que ella llamaba el «modelo de las cinco fases» por las que ha de pasar la persona en trance de muerte, y que también es susceptible de ser aplicado en cualquier otra pérdida que se deba aceptar en la vida.

Dicho modelo consiste en lo siguiente:

• En la primera fase, tras obtener un posible diagnóstico de muerte, prevalece la no creencia de que esto sea cierto. La persona se siente recluida en sí misma; no quiere contemplar la realidad, y mucho menos la de su posible muerte. Con frecuencia se retrae del mundo que le rodea y se pregunta: «¿Por qué yo?».

• La segunda fase contiene rabia, furia, agresión. El paciente se siente excluido de la vida; pierde la ilusión por tener salud y encontrarse bien. Y, no obstante, quiere ser atendido, que se le preste atención, bien sea por el personal médico o por sus familiares. La furia retenida a causa de la impotencia y la desesperación se descarga con mucha frecuencia contra circunstancias o personas totalmente incomprensibles para el mundo exterior.

• En la tercera fase *mantiene un tira y afloja consigo mismo y con su destino:* el moribundo espera ampliar su margen vital para realizar algo en concreto.

Las tres últimas fases son todas estrategias para negar todavía la enfermedad de algún modo; pero cuando esta renuncia ya no se puede mantener por más tiempo y el enfermo se siente más débil y en peor estado y le atormentan nuevos síntomas y afecciones, se origina una terrible sensación de pérdida, y reacciona con *desesperación y depresión:* tiene que enfrentarse al hecho de despedirse definitivamente de este mundo.

Llegado este punto es importante que el paciente se aflija, que admita su dolor, para que pueda así resignarse a su destino.

Esta fase requiere una alta sensibilidad por parte de los familiares y no debe encubrirse con discursos superficiales sobre lo bonitas que son las flores y el buen tiempo que hace y tratando de convencerle de que no debe estar triste.

Éste es el momento en el que el enfermo se comunica, en el que el mundo que le rodea está abierto a sus intereses y le puede escuchar: el moribundo sabe que morirá pronto y tiene mucho que decir, que comunicar, que disponer.

Quien trabaje a fondo estas fases y tenga tiempo suficiente de esperar a que llegue su fin, alcanzará el punto en el que *será capaz de aceptar su muerte inminente.*

Este modelo de la doctora Kübler-Ross no tiene por supuesto que sucederse en el orden exacto expuesto más arriba. Algunos pacientes se detienen más en la fase de no creer lo que les pasa y otros en la de la depresión y la rabia sorda. En último término, la aceptación de la propia muerte obliga a mirarla a los ojos, a enfrentarse a ella. La sociedad actual, con sus gastadas promesas de felicidad y placer eternos, de juventud y materialismo, no anima a ocuparse con tiempo del acto de morir y de la propia muerte.

Hoy en día, los hospitales, o los asilos, se han convertido en los principales lugares en los que se muere. En Alemania aproximadamente un 80 por ciento de los habitantes mueren en uno de ellos. Los últimos días de la vida de una persona, son con frecuencia, un tormento bajo el control de la medicina de cuidados intensivos.

Esto no significa otra cosa que el temor a la muerte nos hace aferrarnos a la falsa esperanza que desarrollan en nosotros las instancias y aparatos médicos, cuyas técnicas nos acompañan al morir. Justo esta tendencia del pasado siglo xx queda reflejada también en el trato que los medios de comunicación dedican al tema de la muerte. Se sugiere que quizá dentro de pocos años podamos vivir eternamente o al menos que podremos alargar nuestra vida a la edad bíblica de entre 120 y 150 años. A través de las adecuadas manipulaciones genéticas podremos, por así decirlo, rejuvenecernos y sentirnos otra vez como si fuéramos unos veinteañeros gracias a las hormonas, entre otras cosas. Se nos dice, pues, lo que tenemos que hacer o dejar de hacer a este respecto, y la muerte se explica, digámoslo así, como si fuera un accidente laboral. Las mujeres mayores podrán alumbrar hijos nuevamente, y la clonación favorecerá la desconcertante reproducción mecánica de diversas celebridades.

✵ Morir en los hospitales actuales

A través de las observaciones que hizo, escuchó o percibió la doctora Kübler-Ross en los lechos de muerte, fue cristalizando un conocimiento básico que ella misma haría público después. Debido a la desaparición de los moribundos en hospitales anónimos, la desintegración de la familia y la tendencia al aislamiento, en la actualidad las personas carecen de la posibilidad de morir en su casa acompañados de sus seres queridos como sucedía antes.

Como consecuencia de esta tendencia también han desaparecido las visiones que desde el borde del precipicio se transmitían de generación en generación. Estas «palabras clave» sencillamente se han perdido. Las últimas palabras ya no se pronuncian en un entorno familiar. Su transmisión siempre se había producido en el escenario de la muerte, entre los allegados; sin embargo, el hombre del siglo XX muere con frecuencia rodeado de aparatos técnicos en unidades de cuidado intensivo. La muerte se ha trasladado al ámbito de la medicina, de la ciencia, y para médicos y científicos es, sin lugar a dudas, la imagen del enemigo.

El moribundo no se ve acompañado hasta que atraviesa a la otra orilla. Los sacerdotes en los hospitales sólo prestan un trabajo social de carácter psicológico. Nada tiene esto que ver con un asesoramiento o acompañamiento espiritual. La ciencia (la medicina) parece haber adoptado la función de la religión. Esto ha traído consigo el hecho de que hoy en día una experiencia directa y primaria de la muerte no sea nada habitual. Por esta razón, la muerte real de otras personas resulta cada vez más difícil de sobrellevar, lo que hace que se acelere en la medida de lo posible el apartamiento de los moribundos en asilos y hospitales u hospicios. Pero al final, en algún momento de la vida, la muerte penetrará directamente en el ámbito de la experiencia personal.

A diferencia de lo que se ve en la televisión, la muerte no se puede excluir y tampoco se produce de una forma especialmente rápida. Con frecuencia se trata de un proceso largo y penoso. En las edades avanzadas aumentan las enfermedades crónicas con desarrollos de larga duración, y además cada vez es más frecuente la aparición de tumores que provocan dolores. El cáncer como causa de muerte representa hoy cerca del 25 por ciento de los casos y, por desgracia, suele ir acompañado de un proceso de muerte largo y doloroso. Pero muy rara vez hoy en día se llega a producir la muerte en el hogar.

Las clínicas modernas se caracterizan por la aplicación de la técnica en la enfermedad, el acto de morir y la muerte misma. Los vertiginosos avances terapéuticos y de diagnóstico de la última década han ayudado, sin lugar a dudas, a muchos enfermos. Hoy en día todo se puede diagnosticar y medir, hasta incluso dentro de la microestructura de las células. La medicina de cuidados intensivos permite salvar la caída de las funciones vitales (circulación, respiración, metabolismo y mantenimiento de la temperatura). ¡El hospital es concebido como un taller de reparaciones técnicas!

Se contempla, pues, a la persona no en su totalidad, sino únicamente basándose en sus órganos u otros elementos del cuerpo. El paciente queda reducido a la función de las distintas partes del cuerpo; la dimensión emocional no cuenta. El precio que se paga por ser ayudado (o no) es el de acabar degradado a ser un objeto. La persona acaba perdida entre los voluminosos tubos de alta tecnología; es un apéndice más de las sondas y los aparatos de control.

Aunque los hospitales se han convertido en los lugares en los que se muere, estos centros no parecen tener esto muy presente. Las necesidades del ser humano se sacrifican a la funcionalidad técnica. La muerte en un hospital ya no conduce a ningún determinado ceremonial; de hecho, en lo que se ha convertido es en un problema técnico.

La muerte se descompone en pasos y estaciones aislados, apenas comprensibles por los legos. La decisión sobre la vida y la muerte no sólo se ha trasladado al médico, sino que depende de la disponibilidad de nuevas tecnologías médicas. La muerte natural se cuestiona, es el enemigo al que se vence con la medicina de alta tecnología.

Con la desaparición del moribundo entre los bastidores de un hospital anónimo queda marcada otra tendencia de la modernidad: la propia sociedad ya no quiere exponerse por más tiempo a la carga sentimental, a la contrariedad que supone la lucha con la muerte, a la presencia de la muerte en medio de la vida.

Esto provoca situaciones penosas en el lecho de muerte que no hablan a favor nuestro precisamente, porque se corresponden con una realidad a la que, por desgracia, nos hemos acostumbrado y a la que reprimimos. Incluso, por supuesto, aunque todos hayamos oído hablar de las investigaciones en el campo de la muerte o hayamos experimentado la muerte de algún familiar: «… pero parece que a la mayoría de nosotros nos resulta totalmente imposible, en el momento concreto en que así se requiere, ser claramente conscientes del final inminente de la vida de una persona aquí en la Tierra».[1]

Por lo general nos quedamos paralizados frente a la muerte y luchamos contra ella en la medida que nos es posible.

Los enfermos graves no deben morir, deben permanecer aquí, porque nosotros estamos convencidos, al menos inconscientemente, de la no existencia del alma inmortal, de no haber nada más allá de la muerte. La ciencia médica del pasado siglo xx se olvidó de reflexionar sobre una realidad espiritual superior, se abandonó a la ilusión de que todo es factible, por lo que entiende la muerte como una «partida perdida». En una época que contempla el sufrimiento y la muerte cada vez más como una aportación absurda de la creación, parece que está permitido cualquier avance y que todo en el hombre resulta intercambiable como lo es en una máquina. Por último, esto provoca el que ni siquiera se le permita a uno morir llegados sus últimos momentos. Yo mismo contemplé la escena en la que una mujer enferma de cáncer, ya desahuciada, a la que acompañé en su lecho de muerte, era sacudida por su marido justo en el instante en que moría, pidiéndole que no le dejara solo.

En lugar de un acompañamiento espiritual experimentamos una atención corporal exagerada. Básicamente se trata de volver a ser conscientes del plano espiritual de la muerte, porque éste es la única realidad del moribundo.

1. Regina Faerber: *Der verdrängte Tod*. (La muerte reprimida); Ginebra, 1995; p. 26.

✿ Elisabeth Kübler-Ross y su propio proceso de muerte

Elisabeth Kübler-Ross, la famosa investigadora sobre la muerte, vivió en el desierto de Arizona en el suroeste de los Estados Unidos. Kübler-Ross ha sufrido desde principios de la década de 1990 un total de seis apoplejías cerebrales.

Durante dos años padeció dolores insoportables y además se quedó hemipléjica.

En octubre de 1994, unos fanáticos prendieron fuego a su casa de Virginia, porque querían evitar por todos los medios que Elisabeth abriera allí un centro para niños enfermos de sida. La investigadora perdió todo lo que tenía: el único manuscrito de su autobiografía en el que había trabajado durante años, todas sus notas sobre su trabajo de investigación, las numerosas «pruebas» de una vida tras la muerte que había reunido pacientemente durante años. Lo único que le quedó, literalmente, fue la ropa que llevaba puesta.

✿ Una entrevista para la revista *Der Spiegel* con consecuencias

En octubre de 1997, Elisabeth concedió una entrevista a la revista alemana *Der Spiegel*. El reportaje que se hizo entonces sobre la investigadora de la muerte causó una gran sensación. Parecía como si, ante su propia muerte, Elisabeth Kübler-Ross revocara sus tesis sobre el acto de morir, la muerte y la vida. Se quiso dar la impresión de que todo el trabajo de sus investigaciones había carecido de sentido. La cita original del semanario *Der Spiegel* dice:[2] «Mi muerte será

2. La cita proviene de la revista *Der Spiegel* de fecha 22.9.1997, n.° 39/97, pp.146-150.

para mí como un "efusivo abrazo", explica en el que afirma será su último libro; será "libre como una preciosa mariposa". Esto resulta algo cursi, pero quizá sea el resultado de años de forzarse a rechazar el miedo ante la muerte de esta doctora, cuyos pacientes acababan muriendo».

En el mismo artículo, *Der Spiegel* describe sus manifestaciones sobre la muerte como «una dulce superficie», la verdad de la muerte sería, en lo que a Kübler-Ross se refiere, tenebrosa y sin salida, «su muerte es un largo proceso de desmontaje físico y anímico. Nada en este proceso es bello». La autora del artículo, Marianne Wellershoff, llega a la conclusión de que «el propio final de Kübler-Ross, sus declaraciones fundamentales —nadie muere solo, todo el mundo es querido, y la muerte es la experiencia más bella— encubren una transfiguración. Se odia a sí misma y odia el proceso de progresiva destrucción».

Estas y otras infames y maliciosas observaciones sobre el proceso de muerte de Kübler-Ross demuestran en último término que la revista *Der Spiegel* sin duda no estaba interesada en la verdad sobre el acto de morir y la muerte; en suma, no le interesaba toda la investigación sobre la muerte de los últimos treinta años, ignorando lisa y llanamente desde las experiencias cercanas a la muerte comprobadas miles de veces a los resultados de las investigaciones sobre la reencarnación y los contactos con los muertos. La manera de ver el tema, profundamente materialista, descubre la idea de que el hombre es producto de una mente en funcionamiento, y que detrás de esto no hay nada más. Se confunde el proceso de morir con la muerte misma.

Millones de personas de todo el mundo han tenido experiencias del Más Allá. Cada vez son más los que se atreven a hablar hoy en día sobre ello. Gracias a esto, se ha vuelto a traer la muerte al plano de la consciencia, lo que es de agradecer al trabajo pionero de Kübler-Ross, al que *Der Spiegel* tilda de «locura espiritual no científica». En el fondo, esto es un reflejo del moderno miedo al contacto con los moribundos, puesto que sólo se percibe y experimenta como negativo aquello que se ve exteriormente. Tras este artículo, el mundo entero estaba a la espera de que se produjera la muerte de la investigadora de esta materia.

En el verano de 1998, Franz Alt mantuvo una conversación con Elisabeth Kübler-Ross y consiguió realizar un retrato televisivo suyo muy impresionante.

Elisabeth se puso furiosa cuando Franz Alt le preguntó por la entrevista para *Der Spiegel*.

«Me resultan igual de antipáticos los fanáticos que la propia revista *Der Spiegel*. Son unos "superidiotas" que sólo escriben lo que quieren escribir, pero no lo que se dice realmente».[3] En el verano de 1999, yo mismo viajé a visitar a Elisabeth Kübler-Ross.

✡ Mi día con Elisabeth Kübler-Ross

El lunes, día 5 de julio de 1999, alrededor de las 11.00 horas, empezó todo: agarro el teléfono y marco el número de Elisabeth Kübler-Ross. Se pone ella directamente. Le cuento que estoy en Phoenix, Scottsdale, y le pregunto si puedo visitarla.

«Venga hoy mismo a la hora que quiera. La puerta está abierta.»

Llamo a un taxi para que me traslade por el desierto hasta el lugar en el que Elisabeth vive en la actualidad. Ella intenta explicarme cómo llegar, pero pronto me doy por vencido. Escribo en un papel el número de teléfono y la dirección que tengo. Si me resulta difícil encontrarla, el taxista podrá llamarla para que le dé las explicaciones pertinentes. El taxi llega. El paisaje se va haciendo cada vez más pobre en vegetación, cada vez más desértico, una carretera larga que parece no tener final. El conductor llama a Elisabeth Kübler-Ross para que le indique el camino. Después lo hace otra vez y aun una tercera. «Éste es el barrio en el que viven los ricos. Muchos artistas de cine y de televisión y deportistas famosos también viven aquí», me cuenta el taxista. Tras más de cuarenta minutos de trayecto, hace un giro. Entonces sí que estamos en pleno desierto. Sólo se ve a algunas personas muy

---

3. La entrevista con Franz Alt fue publicada en forma de videocasete por *Südwestfunk*, Redacción de Zeitsprung, 76522 Baden-Baden.

esporádicamente. El taxista se pone nervioso; no sabe dónde ha de girar exactamente. Por cuarta vez llama a Elisabeth. Da la casualidad de que estamos a diez metros de su casa. En la esquina veo un cartel con su nombre «Elisabeth». Delante de ella se encuentra la ya casi legendaria tienda india. El chófer para y yo me bajo.

Me dirijo a la casa. Se trata de una construcción plana; lo primero que veo es una pequeña piscina y junto a ella, un palomar. Por todas partes hay cactus, desierto, calor. La puerta está abierta. Entro. Alguien me pide que espere un momento; enseguida sentarán a Elisabeth en su sillón. Me hace una seña, ya me puedo acercar.

Elisabeth reniega del taxista: «¡Cuatro veces me ha sacado de quicio con sus llamadas! ¡Vaya idiota!».

Me sonríe amistosamente. Empezamos a charlar como si nos conociéramos de toda la vida. Ella está sentada en un sillón grande con brazos y me habla de su apoplejía cerebral. El primer ataque tuvo lugar el Día de la Madre de 1994. El brazo izquierdo se quedó completamente paralizado, ya no podía caminar y tenía muchos dolores. Su hijo Kenneth la llevó al Scottsdale Memorial Hospital, donde le hicieron un reconocimiento, pero ella se negó a quedarse allí durante más de veinticuatro horas. Los médicos le comunicaron que nunca más recuperaría el movimiento en el brazo y que tampoco volvería a andar. Se quedaría para siempre en una silla de ruedas. Orgullosa me enseña el brazo, que ahora puede mover de nuevo, gracias a Josef, su maravilloso terapeuta.

✱ Elisabeth y su terapeuta

Josef había leído algo sobre ella en una revista, pero no la conocía. No sabía nada sobre Elisabeth Kübler-Ross y su trabajo acerca de las personas en trance de muerte. Una voz interna le decía que tenía que ponerse en contacto con ella inmediatamente. Así pues, buscó su número en una guía telefónica y la llamó. Sincera, tal como es Elisabeth, le dijo que con mucho gusto recibiría su visita, pero que adivinaría sus intenciones de inmediato y se daría cuenta de si no era de fiar.

«Soy capaz de oler», dice y arruga la nariz, «si alguien apesta». Me mira fijamente como inspeccionándome y continúa diciendo: «¡Usted no huele nada!». Me siento aliviado.

Josef apareció un poco después en su casa: ella le hizo señas para que se acercara y le preguntó si le tenía miedo. El hombre salió airoso de la prueba. Tenía permiso para tratarla, y poco tiempo después Elisabeth era capaz de mover el brazo. Invitó entonces a su casa a su doctora, a la que pidió que se sentara junto a ella; entonces Elisabeth la pisó con todas sus fuerzas con la pierna que en teoría debía estar paralizada, para demostrarle el milagro que Josef había realizado.

Elisabeth Kübler-Ross me confesó que ella misma se había hecho merecedora de los ataques de apoplejía cerebral: «Durante cuarenta años he tratado a la gente sin cobrarles y la he ayudado. Pero debía haber aprendido que no se puede dar más de lo que se recibe. Tenía que haber aprendido a recibir y a ser paciente. El Señor nos enseña a tener paciencia y amor propio. Si no soy capaz de aprender esto, tendré que volver otra vez aquí a la Tierra».

Pero no es eso lo que Elisabeth quiere de ninguna manera, porque piensa que el infierno está precisamente aquí en la Tierra, en el mundo. No tiene ningún miedo a morir; más bien espera la muerte con impaciencia. «Si me muriera ahora, iría bailando de un planeta a otro», dice. «No obstante, por el momento, lo que intento es aprender a tener paciencia. Y eso no es fácil. Es importante que, antes de morir, uno se perdone a sí mismo y a todo aquel que le haya ofendido o le haya hecho daño. No debemos excluirnos a nosotros mismos del perdón. Es importante aprender a perdonarse. Los sentimientos de culpabilidad no son buenos para nadie; son un absoluto e innecesario desperdicio de energía. La culpa desaparece cuando somos capaces de perdonarnos.»

Le sonrío y le digo que no tengo la impresión de que vaya a morirse pronto. Me da un golpecito en un dedo y me responde que no quiere oír tal cosa. «Pero me temo que usted tiene razón. Aún no me ha llegado la hora.»

A pesar de los muchos inconvenientes que tiene que superar en la actualidad, Elisabeth Kübler-Ross ha vuelto a trabajar. Ha preparado ¡tres! libros nuevos, además de haber publicado en octubre de

1999 la entrevista con Trutz Hardo que lleva por título «¿Por qué estamos aquí?».

Les aseguro que sus libros son permanentemente éxitos de ventas. Además de los libros nuevos, de vez en cuando sigue dando conferencias, aunque siempre en algún lugar cercano. Elisabeth no tiene previsto ir a Europa; al menos no por ahora, porque le resulta demasiado cansado, dado que aún depende de la silla de ruedas. Además le ha concedido una entrevista a la famosa presentadora de televisión norteamericana Oprah Winfrey, que será grabada en su propia casa.

Le hablo de la entrevista de la revista de *Der Spiegel*. Elisabeth se pone de mal humor. «Ésos son unos idiotas. Sólo escriben lo que ellos desean oír y escribir, pero no lo que de verdad les dije. Franz Art fue bueno; ése fue un trabajo sólido.»

Muchos periodistas de todas partes del mundo intentan hacerle entrevistas. Pero puesto que ella puede «oler», según sus palabras, sus intenciones, son pocas las que concede en realidad. Sabe perfectamente cuándo es adecuado hacerlo. Elisabeth me habla de una periodista alemana, que se hizo pasar al teléfono por suiza. Cuando Elisabeth la recibió, enseguida se percató de que no era suiza. Se lo dijo directamente a la cara y le preguntó por qué no era sincera. «¡Pero he vivido muchos años en Suiza!» «Puede ser, pero ¡eso no la hace ser suiza!» Con estas palabras se despidió de ella sin más.

Elisabeth se niega rotundamente a que le hagan fotos, y eso a pesar de que tiene muy buen aspecto. No puede soportar el flash, porque le produce ataques epilépticos. La periodista antes mencionada hizo caso omiso de esta petición y se atrevió a hacerle una foto a Elisabeth. Anna, la fiel ayudante que tiene para hacer las tareas de la casa, salió corriendo detrás de la periodista, la alcanzó enseguida y con mucha habilidad consiguió quitarle la película de la cámara sin que se diera cuenta.

Me ofrecen té y polenta, unas gachas hechas con harina de maíz. Yo las revuelvo con la cuchara. Elisabeth dice: «¡Aquí se puede decir sin problemas lo que se piensa!». Una mujer rubia entra en la sala; es de California y la madre de uno de sus ahijados. Todo este trasiego está acompañado del ruido del teléfono que suena constantemente. Elisabeth me cuenta que todos los días recibe dos invitados.

✡ Volver a nacer

—Si tiene más preguntas, hágalas, por favor.

—¿Qué debemos aprender aquí en la Tierra?

—Estamos aquí para aprender cosas que no podemos experimentar en el otro mundo. Tenemos que averiguar cómo se ha de tratar la negatividad, la política disuasoria, a los hombres malvados, las pérdidas y los dolores, la guerra, el odio y el horror. Todo esto sirve para un único fin, aprender a amar y crecer anímicamente. Tenemos que entender que somos seres espirituales que se esconden en un cuerpo físico. No estamos separados de los demás hombres ni podemos formar una unidad cuando nos venga en gana. Tenemos que darnos cuenta de que somos totalmente responsables de todo aquello que nos sucede en la vida; de cualquier pensamiento, palabra o hecho. En tanto en cuanto no hayamos aprendido estas lecciones, tendremos que regresar una y otra vez a la Tierra, a este mundo.

—¿Qué significa para usted renacer?

—Volveremos a nacer mientras no seamos capaces de aprender nuestras lecciones. Cada uno de nosotros tiene que aprender diferentes lecciones. Nadie recibe más dureza de la que puede soportar. Toda situación vital es «adecuada» para nuestro desarrollo espiritual, incluso aunque algunos tengan 80 años y aún no hayan comprendido nada. Planeamos nuestro renacimiento en el mundo espiritual, pero el recuerdo de una vida anterior desaparece, porque de lo contrario no podríamos aprender.

—Pero hay niños que recuerdan de forma espontánea una vida anterior.

—Sí, en esos casos se trata de viejas almas. Los pequeños saben entonces, además, de dónde vienen y quiénes son. No obstante, en el momento en que se contagian con los padres y el sistema escolar, pierden los recuerdos. Muchos padres pierden la oportunidad de aprender de sus hijos, porque permanecen presos de sus propios modelos.

Para Elisabeth Kübler-Ross, los niños son los mejores maestros del mundo. De los niños en trance de muerte a los que ha acompañado, ha aprendido mucho más que de otras personas o de los libros.

De repente se me ocurre que Elisabeth se ha manifestado respecto al aborto en uno de sus últimos libros —un tema que a mí me resulta desconcertante. Así es que le pregunto lo que tiene que decir al respecto:

—Toda alma es una parte de Dios y como tal es capaz de percibir si va a ser expulsada. Un alma que se va a encarnar puede decidir por ella misma en qué momento desea entrar en el cuerpo. Por esta razón existen diferencias en lo que respecta a cuándo se produce la reencarnación. Sólo cuando la madre está sana y se desea al niño de todo corazón, el niño, o sea, el alma, entrará en el cuerpo.

Por supuesto Elisabeth Kübler-Ross rechaza las prácticas abortivas actuales, de las que tanto se abusa irresponsablemente. A este respecto llama mi atención sobre el hecho de que el feto entiende lo que la madre piensa y dice: «Sabe si la madre le odia o le ama. Se entera perfectamente de si está pensando en un aborto o no. Para un alma que va a nacer es decisivo el ser amado u odiado. Por esta razón hay tantas personas agresivas y tantos niños salvajes. Lo más importante que los padres deben transmitir a sus hijos en la vida es la segura sensación de ser queridos. ¡Eso es lo único absolutamente necesario!».

✳ Muerte y tránsito

Le pregunto a Elisabeth por la muerte, el tránsito y el Más Allá. «La muerte es bella, lo más bello que nos puede pasar en la Tierra. Es como trasladarse a una casa bonita, a otra forma del ser. En el Más Allá, en la vida después de la muerte, es decisivo nuestro estado de consciencia.» La propia Elisabeth pasó hace unos años por una experiencia cercana a la muerte, que ha descrito en varias ocasiones.

«No existen palabras para transmitir la sensación del cuerpo que te abandona ni el amor incondicional que se experimenta en ese momento. No hay ninguna limitación; no hay tiempo ni impaciencia. Es la fuerza primitiva o Dios, lo que está tras todo esto y es mucho más grande que nosotros. ¡Todos somos hijos del mismo Dios, de forma totalmente independiente de cualquier religión creada por el hombre!»

«Puesto que estamos en la Tierra por una única razón, la de crecer anímicamente, no es lícito alargar la vida de manera artificial —pero tampoco acortarla—. Existe un momento "correcto" para morir, en el que se puede abandonar el cuerpo y no regresar más a él.»

Con esto, la más famosa investigadora sobre la muerte se manifiesta contra la eutanasia activa. Cuando llega el momento adecuado para hacer el tránsito, el moribundo puede marcharse. Elisabeth Kübler-Ross también habla con igual claridad en contra de un mantenimiento excesivo de la vida, que es una tendencia de los últimos años, en los que la medicina de alta tecnología se puede convertir en una auténtica maldición y, como tal, ir en contra de los seres humanos.

Elisabeth Kübler-Ross defiende con sus actos una vida y una muerte humanas. En este sentido, a su iniciativa hay que agradecer que se hayan creado más de dos mil hospicios en los Estados Unidos. También en Europa, su trabajo ha sido decisivo para contribuir a la creación del movimiento a favor de los hospicios. El conflicto entre el alargamiento de la vida a cualquier precio y su acortamiento en el sentido de una eutanasia activa sólo puede resolverse si se acompaña al moribundo, mostrándole el más absoluto cariño.

—Y a este respecto, ¿cómo tomar el hecho de que un niño deba morir demasiado pronto?

—Cuando los niños se mueren muy pronto, es como un regalo para ellos, pues no tienen mucho que aprender. Con toda seguridad es un horror para los padres, pero así tienen la oportunidad de crecer en compasión y amor.

Elisabeth habla de una mujer alemana que ha perdido a su hijo y que llama a la investigadora tres o cuatro veces a la semana para hablar con ella. «Pero yo quiero tanto a mi hijo», cita Kübler-Ross a esta mujer, «y yo le respondo que estoy segura de ello, que la creo, pero que su hijo no es una posesión.»

—Pero ésa es la cuestión —respondo yo—. Se trata justamente de ser capaz de no intentar retener.

Elisabeth asiente mostrando conformidad.

—La mayoría de la gente no lo comprende. Estamos en el mundo para crecer anímica y espiritualmente, y cuando hayamos sido capaces de aprender esta lección, podremos regresar a casa.

—Por eso, el suicidio no es ninguna solución.

Ella reflexionó mucho a este respecto después de tener los ataques de apoplejía y sentirse tan mal; hubo momentos en los que deseaba morir.

—Pero si me suicidaba, tenía después que volver a la Tierra, y eso no quería que sucediera de ninguna manera. A nadie se le exige más de lo que puede soportar. ¡El suicidio nunca es una solución!

✵ Elisabeth y los demás investigadores sobre la muerte

Cuando un día, ya tarde, la volví a llamar para agradacerle el magnífico día que me había dedicado, le conté que estaba leyendo el libro *Lessons from the light* de George Anderson, uno de los médiums más conocidos del mundo. También le informé de que en varios lugares del libro se dice de ella que es «la madre de todos los investigadores sobre la muerte», y le pregunté si era verdad que él la había aconsejado tras su ataque de apoplejía.

George Anderson afirma en su libro que un par de años atrás había aconsejado a la doctora Elisabeth Kübler-Ross. Eso fue para él un honor, porque Elisabeth —debido a su trabajo— había estado en contacto con mucha gente y los había ayudado a enfrentarse a la muerte. Se sentía halagado de ser él entonces quien le ayudara a hacer el tránsito un poco más fácilmente. Durante la sesión se presentaron muchísimas almas del Más Allá que querían dar la bienvenida a Elisabeth. Hablaron de la maravillosa ayuda que Kübler-Ross les había prestado y que querían agradecérselo.

Elisabeth se puso de mal humor cuando le conté todo esto. «Sí, dijo, George Anderson vino a verme. Pero me habría gustado más que me hubiera preguntado si podía utilizar aquel encuentro para su libro. Es lo de siempre. Vienen aquí y después usan mi nombre.» Además tampoco daba ningún valor al hecho de que las personas muertas a las que había ayudado quisieran saludarla. Ya durante nuestro encuentro le pregunté qué pensaba de los investigadores más famosos. Kenneth Ring le parecía bueno, honrado y sólido. Para ella, el mejor representante en la actualidad es el médico infantil Melvin Morse, conocido por sus dos libros: *Más cerca de la luz: Experiencias próximas a la muerte en niños* y *Últimas visiones*. En un principio, Melvin no creía lo que decía Elisabeth, no pensaba que las experiencias cercanas a la muerte fueran reales. Así es como decidió preguntar directamente a los niños, que son sinceros y no están influidos por nada. La sinceridad y la honradez de los niños pequeños que hablaban de su encuentro con la luz, con Jesús o María, con Dios, le convencieron por completo de la existencia del otro mundo. Melvin Morse fue después, a comienzos de la década de 1990, el investigador que más insistía en las transformaciones que las experiencias cercanas a la muerte producían en la gente. Para Elisabeth Kübler-Ross, su trabajo tiene mucho valor. Sin embargo, Raymond Moody por el contrario la ha decepcionado por razones personales.

Se desencadena una fuerte tormenta. Elisabeth se alegra, porque se necesitaba la lluvia. Le encantan las tormentas. Poco a poco se va cansando y yo me bebo la última taza de café. Elisabeth ha dejado de fumar hace justamente una semana. No obstante, me permite que fume en su presencia, y además se guarda un cigarrillo para después. Me comenta orgullosa que sólo se ha fumado cinco cigarrillos en toda aquella semana infernal. Se queja de no poder seguir con el tabaco pero, por razones se salud, no debe seguir fumando.

✡ Rigores del destino

En 1994, unos fanáticos cristiano-protestantes prendieron fuego a su granja «Healing waters» (Aguas curativas), en Virginia, tras hacerse público que iba a ocuparse con niños enfermos de sida.

«Yo me pregunto lo que estos hombres tienen de cristianos. Hablan de cristianismo, pero están en contra de todo lo que no quepa en su propio esquema mental. No obstante, el incendio de mi casa fue para mí una bendición. No necesité empaquetar nada, aunque, claro está, me hizo daño, porque todas las pruebas acerca de la muerte que había ido reuniendo a lo largo de mi vida se quemaron también. Pero no me iba a hundir porque estos fanáticos protestantes convirtieran mi vida en un infierno. ¡Incluso le pegaron un tiro a mi Lamas! No, no quería darme por vencida. Le dije a mi hijo Kenneth que deseaba levantar otra granja en las ruinas de aquélla.»

Pero no llegó tan lejos. Kenneth la invitó a ir a un restaurante al que no llegó a entrar en ningún momento. La llevó directamente al aeropuerto y la trajo a Phoenix donde él mismo vivía. Buscó una casa en esta ciudad, pero la monotonía de todas las viviendas que le enseñaban, la hizo desistir.

Tras una larga búsqueda, Elisabeth descubrió en el desierto de Arizona, cerca de las reservas indias, su domicilio actual. Pero todavía vivía en ella una mujer mayor. Elisabeth habló con ella.

«Me gustaría mudarme dentro de un mes. Pago en efectivo.» La anciana se dejó convencer, y puesto que el seguro le había indemnizado a Elisabeth por el incendio, se pudo mudar a aquella casa justo a las cuatro semanas; una casa de la que apenas ha salido ya, porque tras la mudanza, el Día de la Madre de 1994 le dio el primer ataque de apoplejía.

Para terminar, le pregunto a Elisabeth qué es lo más importante para ella en la vida y qué desea de ella todavía.

«Bailar y trabajar en el jardín, eso sí que me gustaría hacerlo. No obstante, lo más importante es el amor. La mayor parte de la gente no sabe lo que es el amor incondicional. Siempre lo he dicho. En Europa no se entiende en absoluto el concepto de "amor incondicional". Y cuando fomenté el movimiento a favor de la construcción de hospicios en Europa, me pareció muy lamentable que los muchos grupos que participaban se enfrentaran unos con otros y trabajaran sólo por los beneficios que podían sacar, en lugar de unirse formando una piña y lograr así construir más hospicios. Hay muy pocos en Europa. Aquí, en los Estados Unidos, tenemos ya más de dos mil, y estoy muy orgullosa de ello. El Señor me ha hecho dos regalos que son Anna y Josef. El día que me muera, me trasladaré bailando de un planeta a otro y, feliz, esperaré a todos aquéllos que se han reído de mí. Pero, en cualquier caso, lo más importante es el amor.»

Capítulo 2

Experiencias cercanas a la muerte

En este capítulo se hablará de:

- qué es una experiencia cercana a la muerte y qué sucede cuando se muere.
- las nueve características de una experiencia cercana a la muerte.
- el significado de estas experiencias para nuestra vida.
- por qué las explicaciones científicas sobre las experiencias cercanas a la muerte entendidas como una falta de oxígeno en el cerebro, alucinaciones o como un sistema liberador de endorfinas no se pueden mantener.
- principales cambios en la personalidad tras una experiencia cercana a la muerte.

✡¿Qué es una experiencia cercana a la muerte?

E n 1975, Raymond Moody hizo una magnífica aportación a la investigación científica sobre las experiencias cercanas a la muerte, al publicar su libro *Vida después de la vida*, que fue toda una sensación mundial. Moody, animado por Elisabeth Kübler-Ross, que apoyó su trabajo desde el principio, reunió 150 ejemplos con informes de las personas que habían estado muertas clínicamente, pero que después habían regresado a la vida. Raymond Moody era el primer investigador que clasificaba las experiencias cercanas a la muerte e indicaba las principales características de estas experiencias, sobre las cuales se hablará un poco más adelante. Basándose en este trabajo pionero en el campo de las ECM se originó unos años después el ámbito, de gran interés, de la tanatología referida a este tipo de experiencias.

En los Estados Unidos se creó, bajo la dirección de Kenneth Ring, el IANDS (International Association for Near-Death-Studies,) la Asociación Internacional para la Investigación de las experiencias cercanas a la muerte. Desde entonces se han analizado interculturalmente y con profundidad cientos de miles de experiencias cercanas a la muerte. En la actualidad, la lista sobre el tema es inabarcable.

Antes de profundizar en el asunto conviene hablar, aunque sea rápidamente, sobre las estadísticas y la difusión de las experiencias cercanas a la muerte. La última encuesta de Gallup en los Estados Unidos arroja una cifra total de dieciocho millones de personas de entre la población norteamericana que ha pasado por experiencias cercanas a la muerte. En toda Europa, la cifra total es muy parecida. En conjunto, en el mundo entero se puede hablar de más de cincuenta millones de personas que han vivido una experiencia tal.

A manera ilustrativa, relataré tan sólo dos ejemplos típicos tratados en mi propia consulta:

«De repente, desde arriba, flotando por encima del lugar en el que ocurrió el accidente, vi a los enfermeros y los médicos así como a los curiosos. Intentaban reanimarme. Yo dije: "Dejadme en paz. ¡Estoy bien!". Pero los presentes no me entendían, no se enteraban de lo que les decía. En ese preciso momento me di cuenta de que estaba fuera de mi cuerpo. Seguí contemplando aquella escena todavía durante un rato. Después entré en un vacío, en la nada más absoluta. Ya no vi nada más. De pronto apareció una luz deslumbrante que nunca antes había visto en mi vida. Unos afectuosos seres inmateriales me rodearon y me acompañaron a una luz aún más luminosa. Todo lo que rodeaba la luz estaba lleno de afecto, de ternura, hasta un punto que yo jamás había experimentado en la vida. Entonces, toda mi vida pasó ante mis ojos como si fuera una película. Se me exigió que juzgara por mí mismo la vida que había llevado. Se me comunicó que aún no había alcanzado en la vida lo que debía y por lo tanto, no podía quedarme en aquel lugar.

»Yo no deseaba regresar; quería permanecer en aquella armonía y en aquel amor. Pero uno de aquellos seres luminosos me condujo de vuelta a mi cuerpo, y desperté en un hospital tras un largo estado de coma».

Siegfried (57 años) cuenta que una noche se despertó con fuertes trastornos del ritmo cardíaco: «El corazón empezó a latir de forma irregular. Me dio pánico. El corazón me latía cada vez más fuerte. Después bajó el ritmo. Se quedó parado. En este preciso momento, el cuerpo se abrió un palmo justo a la altura del corazón; totalmente consciente, salí de mi cuerpo. Vi un túnel al final del cual se divisaba una luminosa luz de color amarillo claro, y la atravesé: vi una atractiva espiral de luz o de energía, rodeada de partículas de estrellas. La reconocí: ¡esta luz es Dios! Dentro de ella, yo soy como el cristal. Es imposible ocultar nada. Todos los pensamientos que tuve siendo niño se hicieron públicos. Vi toda mi vida: todos los pensamientos, los hechos, las palabras con todas sus consecuencias. Me sentí desnudo pero no herido. Experimenté una especie de amor que todo lo comprende y perdona. Deseaba entrar en esta luz, pues me hacía sentirme muy feliz. Se me permitió el acceso al saber del Universo.

Poco antes de querer entrar en esa luz, se me apareció mi madre muerta. Justo ahí me di cuenta de que yo también estaba muerto. Mi madre me dijo que aún no había llegado mi tiempo. Yo no quería regresar; lo que deseaba era entrar en esa luz. Entonces, mi madre, que tenía un aspecto muy joven, me mostró una visión de las consecuencias de mi muerte. De mala gana me decidí a volver. Y me introduje de nuevo en mi cuerpo».

✹ Nueve características de una experiencia cercana a la muerte

En las investigaciones sobre el tema se han establecido nueve características esenciales en toda experiencia cercana a la muerte. A continuación se habla de cada una de ellas y se ilustran con un ejemplo:

1. **La sensación de estar muerto.** Un ama de casa de 65 años de edad describe la sensación como «ser yo misma total y absolutamente».

   Algunas personas no se dan cuenta de que están muertas hasta que se hallan en presencia de la luz. Otras lo perciben al comprobar con gran asombro que los presentes no las ven.

2. **Paz y carencia total de dolor.** Quedan cortados los nexos que unen al mundo. Todas las molestias corporales y los dolores desaparecen. Los ciegos ven de repente, y los impedidos o los amputados se sienten curados y sanos. Cuando los afectados regresan de nuevo a su cuerpo, los dolores y el resto de los impedimentos son los mismos que antes.

3. La experiencia extracorporal. A este respecto haré constar la experiencia real de un hombre de 74 años en la actualidad, a quien le alcanzó un balazo a la edad de 20 años durante la Segunda Guerra Mundial, rompiéndole la cubierta craneal justo a la altura del centro de la cabeza.

Su experiencia contiene todos los componentes de una experiencia cercana a la muerte que hemos visto hasta ahora:

«Conforme iba escurriéndose la sangre de mi cerebro, sentía que tiraban de mí hacia arriba. Me encontré fuera de mi cuerpo, viéndome a mí mismo tendido debajo. En ese momento pensé: "Estoy muerto. ¡Así son las cosas!". No tenía dolores y me encontraba muy bien. Veía la herida en la cabeza que me había abierto el balazo, y a mis camaradas que se afanaban a mi alrededor, intentando ayudarme. Después, de repente, me encontré detrás de las líneas enemigas, y vi el cañón cuya bala me había alcanzado. Sentí cómo lentamente iba subiendo hacia las nubes por encima de mí mismo. En ese punto pensé en mi madre, en su tristeza y su dolor y en qué sería de ella si yo moría. Tuve miedo por ella y supe que no me había llegado el momento de morir. Justo entonces me deslicé de vuelta a mi cuerpo y padecí unos dolores insoportables. Me desmayé y no me desperté hasta haber sido operado en el hospital militar».

Este hombre describe ante todo su experiencia extracorporal. Falta la experiencia del túnel y sobre todo la de la luz. No obstante, aunque hacía más de cincuenta años de los hechos, recordaba su experiencia cercana a la muerte con total precisión, como si hubiera sucedido ayer. La experiencia extracorporal forma parte de las características más esenciales y de las más comprobables de las ECM. En el transcurso de los últimos veinticinco años, los investigadores han estudiado este campo con mucho detalle. Puesto que en la intemporalidad del mundo inmaterial tampoco existen distancias, muchos moribundos cuentan con frecuencia que se hallan a miles de kilómetros de sus parientes más próximos, de aquellos a los que han de reencontrar otra vez y de aquellos a los les une un nexo de amor.

A este respecto supe de la experiencia de un joven policía que, durante su pérdida de consciencia, se vio a sí mismo en el dormitorio de su madre, donde pudo observar que ella se había comprado una cómoda nueva, que él no había visto la última vez que había estado de visita en su casa. Cuando unos meses más tarde, tras su recuperación, fue a visitar a su madre, comprobó que efectivamente su madre había adquirido aquella cómoda.

Ejemplos parecidos se pueden encontrar en la literatura especializada referente a las experiencias cercanas a la muerte. Todas muestran que las observaciones de las que hablan los científicos nunca pueden atribuirse a alucinaciones, a una carencia de oxígeno en el cerebro o al hecho de que se liberen endorfinas: las experiencias extracorporales reales de auténticos muertos, así considerados clínicamente, que en un preciso momento se hallan en el lugar de un accidente, en una mesa de operaciones o en una unidad de cuidados intensivos, describen con frecuencia cosas que suceden a muchos kilómetros de distancia justo en aquel preciso momento. Con posterioridad, los investigadores han podido comprobarlo y acreditarlo. Una persona a la que le falta oxígeno en el cerebro seguramente no estaría en condiciones de divisar una zapatilla de deporte en el tejado del hospital, cosa que pudo comprobarse como cierta después de que el afectado hiciera tal declaración.

Uno de los ejemplos más asombrosos es el que describe Elisabeth Kübler-Ross en su libro *Los niños y la muerte*:

«"Sí, ahora todo va bien. Mamá y Peter me esperan", dijo un jovencito. Con una silenciosa sonrisa de felicidad entró en coma y efectuó el tránsito al que llamamos muerte.

Yo sabía que su madre había muerto en el lugar del accidente, pero Peter no estaba muerto. Lo habían llevado al servicio especializado de otro hospital, porque padecía graves quemaduras causadas por el fuego del coche que se prendió antes de poderle sacar.

»Puesto que sólo estaba reuniendo datos, acepté la información del joven y decidí visitar a Peter. Pero no fue necesario; recibí una llamada de la otra clínica en la que se me comunicaba su muerte hacía tan sólo unos pocos minutos. A lo largo de todos mis años de trabajo, todos los niños que me contaron su experiencia mencionaron que alguien les esperaba, una persona que les había precedido en la muerte, aunque fuera por unos pocos minutos».[4]

A continuación, la mayoría percibe que son transportados hacia arriba y que se alejan de su cuerpo. Sienten paz, tranquilidad, felicidad y carencia de dolores, entre otras cosas. Son conscientes de que han abandonado su cuerpo.

«El cuerpo de allí abajo no era más que un envoltorio que tenía tanto que ver conmigo como un viejo abrigo, al que los años habían convertido en algo familiar. Mi yo verdadero, la esencia de mi persona, la parte importante de mí, mi alma, mi espíritu, mi personalidad —llámese como quiera— se encontraba justo debajo del techo de la habitación».[5]

Los afectados, desde el lugar en el que se hallan, son capaces de contemplar su cuerpo. Ven cosas que no pueden conocer previamente, porque todo el tiempo estuvieron inconscientes en la cama o en el lugar en que ocurrió el accidente. Con frecuencia se reproducen conversaciones enteras, y en un estado extracorporal tienen la capacidad de trasladarse a otros lugares, sin importar lo lejos que estén. Este tipo de cosas y experiencias están hoy en día totalmente verificados.

4. **La experiencia del túnel.** Este aspecto es el más conocido de las experiencias cercanas a la muerte. No obstante, no todo el mundo pasa por ella. Hay quien habla de oscuridad o de vacío y no reconocen ningún túnel. En la mayor parte de los casos se describe una especie de tránsito desde este mundo

---

4. Elisabeth Kübler-Ross: *Kinder und Tod* (Los niños y la muerte); Zúrich, 1984, p. 237 y siguiente. Véase también *Los niños y la muerte*; Luciérnaga, 1999.
5. Jean Ritchie: *Blicke ins Jenseits. Berichte von der Schwelle zum Tod.* (Una mirada al Más Allá. Relatos desde el umbral de la muerte); Frankfurt/ Mainz, 1997; p. 15.

hacia dentro de una luz. Como símbolos del túnel pueden aparecer también calles, pasos o desfiladeros, puentes o pasillos.

«Después vi un túnel cuya entrada se encontraba en la pared del dormitorio, justo encima de la cama, y que, por lo que parecía, podía dilatarse sin límite ninguno. Era como si se mirara dentro de un pelo cuyo tamaño se hubiera aumentado millones de veces —muy grueso pero sin ser tosco—. Sólo se me ocurre otra comparación: se parecía al tubo de una aspiradora. Al final del túnel vi una luz y me pareció que estaba muy lejos de mí. Era muy clara, pero no dañaba los ojos. Al comienzo del túnel me esperaba mi madre, que por entonces hacía dos años que había muerto».[6]

Otro paciente describe su experiencia del túnel durante una operación de estómago: «Sentí que me desmayaba, pero después recuperé otra vez la consciencia y me encontré en un luminoso túnel de color verde. Una espiral llevaba a una luz muy lejana. Yo me movía en dirección a esta luz, pero no puedo decir de qué manera iba avanzando. No tenía la impresión de estar caminando. Un aroma de lilas llenó el túnel, pero no ese olor fuerte y dulzón que a veces tienen las lilas. Era suave y fresco, y las únicas palabras que se me ocurren para describirlo es que no era de este mundo. A continuación volví a encontrarme al comienzo del túnel y tuve la misma experiencia una vez más».[7]

«Todo se puso negro, y yo me vi a mí mismo dentro de un túnel transparente. A través de las paredes del túnel podía divisar las estrellas que había en el cielo. Al final de él descubrí una luz».[8]

«Ascendía, sin ninguna dificultad, por un túnel oscuro con pequeñas manchas doradas en las paredes».[9]

6. Jean Ritchie, p. 233.
7. *Ibid.*, p. 211.
8. *Ibid.*, p. 191.
9. *Ibid.*, p. 218.

Es digna de atención la caracterización del túnel como luminoso, transparente, oscuro con manchas doradas. Muchas de las declaraciones denotan que el túnel es entendido como un paso, un tránsito, hacia el mundo de la luz.

5. Figuras de luz. Algunos se encuentran ya en el propio túnel con parientes o amigos muertos, a veces también a otros seres luminosos, ángeles. Hablan con estos seres, aunque la conversación se lleva a cabo sin palabras. Algunos de los afectados describen también haber percibido presencias o voces, sin ver a nadie: «En mi cuarto parecía no haber oxígeno y a mí me costaba respirar. Luego, de repente, la cama se llenó de flores y de frutas y también se vio rodeada de luz, y yo me sentí inmensamente feliz. Yo siempre había creído que tenía un ángel de la guarda —desde los cuatro años exactamente—. Ahora sentía que me tomaba de la mano, y nos vimos disparados hacia las alturas, como si estuviéramos dentro de un ascensor, yendo al encuentro de una luz. Allí me esperaban flores, árboles y una magnífica música. Había todas las maravillosas cosas que tenemos en la Tierra, pero eran miles de veces más bonitas. Vi a Tanty, la hermana mayor de mi madre que me tendía los brazos. Se rió de mi asombro. De repente, me vi arrastrado con violencia nuevamente a la oscuridad y escuché que uno de los médicos decía; «Gracias a Dios, lo hemos recuperado».[10]

6. La experiencia de la luz. Una gran variedad de estudios sobre las experiencias cercanas a la muerte han mostrado que el encuentro con la luz, que se siente como un amor incondicional, es el elemento más decisivo de este tipo de experiencias y que transforma a la persona para siempre. Según los investigadores, esta luz tiene su origen en una fuente exterior al cuerpo.

10. Jean Ritchie, p. 74.

Melvin Morse escribe al respecto en su libro *Últimas visiones* lo siguiente: «Los neurólogos han demostrado la existencia de las llamadas "zonas de conexión" de la mística en nuestro lóbulo temporal del cerebro. Gracias a este mecanismo neurológico somos capaces de tener experiencias extracorporales, ver figuras blancas, algunas de las cuales se parecen a parientes nuestros muertos, oír música celestial, contemplar una película tridimensional de nuestra vida –o sea, percibir todos los elementos de una experiencia cercana a la muerte excepto uno, ¡la luz transformadora!

Pero la experiencia de la luz no se puede introducir de forma artificial. Sólo hace su aparición en el momento de la muerte o en algunas visiones espirituales muy especiales. Además la visión de esta luz amorosa tiene como consecuencia una transformación de la personalidad, lo que hemos podido comprobar al estudiar a un grupo de personas sometido a observación. La transformación más asombrosa y más duradera tenía lugar en aquellos que se daban cuenta de que habían visto dicha luz.[11]

La única conclusión, pues, a la que se puede llegar es que esta luz tenga un origen extracorporal. Esta luz es la que permite un despertar espiritual en el hombre.

No es raro que además de las descripciones de un encuentro con Dios o con Jesús, se den también las referentes al acceso a un saber superior.

Éstos son algunos de los muchos ejemplos que se pueden encontrar al respecto: «Fue como un baño de luz, claridad, calidez, paz y seguridad. Fuera de mi cuerpo no sentía nada. No veía mi cuerpo ni a nadie más. Sencillamente entraba en esta maravillosa y luminosa luz. Es difícil de describir; de

---

11. Melvin Morse y Paul Perry: *Verwandelt vom Licht. Über die transformierende Wirkung von Nahtoderfahrungen* (Transformado por la luz. Sobre el efecto transformador de las experiencias cercanas a la muerte). Múnich, 1994; p. 281 y siguiente.

hecho, es imposible hacerlo. Al menos no con palabras. Es como hacerse una misma cosa con esta luz. Podría decir que yo mismo era la paz, el amor. Yo mismo era la claridad; ésta era una parte de mí... Uno lo sabe simplemente. Uno es omnisciente —y todo es parte de uno mismo— es, es ¡tan maravilloso! Como la eternidad. Como si siempre hubiera estado allí, y como si mi existencia en la Tierra no hubiera sido más que un breve espacio de tiempo».[12]

«Fui consciente de mi vida anterior. Fue como si todo quedara expuesto, como si fuera una película que pasaba ante mí, y reinaba el amor más cálido, el más maravilloso. Por todas partes alrededor mío había amor... Me sentía liviano, bien, feliz, lleno de alegría y libre de toda preocupación. ¡Para siempre, un amor eterno! El tiempo no significaba nada. Sólo el ser. El amor. El amor puro. El amor. La luz era amarilla. Estaba dentro de todo y alrededor de todo y por todas partes... Es Dios hecho perceptible, visible. Estaba en todo y alrededor de todo y en todas partes.»[13]

«La segunda magnífica experiencia es que de repente, uno empieza a ver claro que está en contacto con el saber absoluto, universal. Es difícil describirlo. Se piensa una pregunta y enseguida se tiene la respuesta. Así de sencillo... No había ni una sola pregunta a la que la luz no me respondiera. La entrada en esta luz –el ambiente, la energía, esta energía total y pura, el saber total, este amor puro y perfecto– es la vida tras la muerte.»[14]

Las personas con intensas experiencias cercanas a la muerte han entrado en contacto con la existencia de Dios. Saben, pues, por propia experiencia que Dios existe. El contacto con este poder divino o amor divino tiene lugar a través de la

---

12. Kenneth Ring: *Den Tod erfahren - das leben gewinnen* (Experimentar la muerte, ganar la vida); Bergisch Gladbach, 1988; p. 55.
13. Kenneth Ring, p. 57.
14. Kenneth Ring, p. 61.

muerte. Parece casi como si existiera la ecuación muerte = Dios = amor, y esto de forma independiente de la religión que profese el afectado. La paz y el amor se apoderan de la persona a un nivel tal que ella misma se convierte en parte de la luz y en parte del amor. La luz penetra en el interior más profundo del afectado. La propia existencia personal se confunde con la divina. En el encuentro con la luz se está ante una cantidad tan potente de energía que la que se ha recibido sigue surtiendo su efecto en la siguiente vida. Con relación a esto hay algo que queda claro, y es que durante la experiencia de la luz, una persona es de nuevo reticulada electromagnéticamente.

Esto explica por qué algunas ya no pueden llevar un reloj, o disponen de facultades paranormales, etc… En cualquier caso, la luz produce una transformación en el afectado, digamos, una renovación espiritual. Así, en lo esencial, las experiencias cercanas a la muerte son una experiencia espiritual que produce un despertar y un desarrollo espirituales.

7. **La visión retrospectiva de la vida.** La película de la vida tiene dos componentes: puede producirse de forma neutral, es decir, ser contemplada como una sucesión escénica de imágenes que resume nuestra existencia —tanto sus aspectos positivos como negativos— de forma retrospectiva. Las imágenes son, en su mayoría, en color y se suceden de manera rápida y descontrolada. La panorámica vital abarca el tiempo desde el presente hasta el nacimiento, con lo que las imágenes contienen auténticos recuerdos fotográficos.

Así el sujeto en cuestión puede ver en ocasiones acontecimientos de su vida de cuando era un bebé, que había olvidado por completo, o lo que es lo mismo, que desconocía, y que posteriormente tiene la posibilidad de comprobar que fueron ciertos a través de la confirmación que de ellos hacen sus parientes.

La segunda forma es la revisión de la vida. En este caso no sólo se trata de ver una película, sino que además se hace una valoración de lo que allí se expone. El afectado ha de juzgar su existencia y decidir si ha actuado bien o mal, con lo que quedan reflejados pensamientos, palabras y hechos de manera crítica, es decir, se verá obligado a revivir críticamente las repercusiones de estos hechos. Algunas de las personas con experiencias cercanas a la muerte experimentan una especie de panorámica vital, con lo que todos los acontecimientos importantes de su vida pasan ante el afectado de forma atemporal y en tres dimensiones, igual que una película. Bajo la amorosa vigilancia del ser luminoso, nosotros mismos nos convertimos en los propios jueces de nuestra existencia. Al fin y al cabo, el objetivo y el sentido de la vida es aprender a amar.

«… entonces, de repente, toda mi vida pasó ante mí —no lo puedo expresar de otra manera. De hecho, no era exactamente mi vida lo que veía, sino más bien los sentimientos— todos y cada uno de los sentimientos que he tenido a lo largo de mi existencia, y que ahora volvía a sentir. Y con mis ojos vi cómo estas emociones habían influido en mi vida. Además veía cómo había influido con mi vida en la existencia de los demás, y lo comparaba con el sentimiento de puro amor que me rodeaba. Y era horroroso lo que había hecho. ¡Dios mío! Estoy totalmente convencido de ello. ¿Sabe? He hecho cosas horribles si he de tomar como medida de referencia el amor…»[15]

En la visión total de la vida que pasa ante uno, somos capaces de entender lo que de verdad cuenta en la vida y lo que es importante.

El ser luminoso ayuda al sujeto afectado a entender sus buenas y malas obras, y al tiempo a reconocer qué consecuencias han tenido en los demás los actos, los pensamientos y las propias palabras.

Así pues, no sólo vemos nuestra propia existencia, sino sobre todo las consecuencias y repercusiones en los demás. Ahora

15. Kenneth Ring, p. 76 y siguiente.

percibimos lo que han sentido los otros cuando los hemos herido.

Una ama de casa lo describe de la siguiente manera: «Este ser luminoso me rodeó y me mostró mi vida, que pude contemplar con mis propios ojos. Tienes que valorar todo lo que has hecho. Igual de desagradable que resulta mirar ciertas cosas, es de agradable pasarlo todo de golpe. Me acuerdo de un hecho especial en esta visión retrospectiva, y es un momento de mi vida en que siendo niña le quite y le rompí a mi hermana pequeña el cestito de Pascua, porque dentro había un juguete que yo quería. Pero en esta visión retrospectiva, yo sentí su sentimiento de decepción, pérdida y rechazo. Tenía escondidos bajo la piel a todos aquellos a los que había hecho daño, y a todos aquéllos a quienes había tratado bien».[16]

Todavía un último ejemplo aportado por Kenneth Ring: «Se ve la propia vida pasar ante uno y uno mismo la juzga. ¿Se tendría que haber hecho lo que se hizo? Se piensa: oh, sí, le di a alguien que no tenía dinero seis dólares, eso estuvo muy bien por mi parte. Pero algo así no tiene ninguna relevancia. Lo importante son las pequeñas cosas —el haber consolado a un niño que se ha hecho daño, o el haber conversado amistosamente con una persona que se encontraba sola—. Ésas son las cosas importantes… Nos juzgamos a nosotros mismos. Y todos nuestros pecados nos son perdonados, pero ¿podemos nosotros perdonarnos el no haber hecho lo que debíamos haber realizado o el hecho de haber cometido ciertas bajezas? ¿Podemos perdonarnos a nosotros mismos? Es uno mismo el que tiene que dar el veredicto al respecto».[17]

16. Melvin Morse y Paul Perry: *Verwandelt vom Licht. Über die transformierende Wirkung von Nahtoderfahrungen* (Transformado por la luz. Sobre el efecto transformador de las experiencias cercanas a la muerte). Múnich, 1994; p. 13.
17. Kenneth Ring: *Den Tod erfahren - das leben gewinnen* (Experimentar la muerte, ganar la vida); Bergisch Gladbach, 1988; p. 75.

8. El regreso hecho a disgusto. Las personas que han pasado por una intensa experiencia cercana a la muerte, que han visto la luz y que han sentido un éxtasis emocional, suelen regresar de mala gana a este mundo terrenal. Desean permanecer en ese momento de dicha y salvación eterna. Puesto que las ECM pueden tener diferentes intensidades y a veces transportan al otro mundo, lo más probable es que exista un límite que no se debe traspasar. Usted no podrá decidir libremente si se queda allí o no. En el momento en que se es devuelto al cuerpo físico, el sujeto afectado siente emocionalmente la pérdida del paraíso. Regresa, vuelve a tener los dolores físicos, se siente como encerrado en el mundo del tiempo y el espacio con todas sus limitaciones.

« Y entonces sentí miedo —un miedo horroroso e indescriptible, como nunca antes había experimentado en toda mi vida. Tuve claro que estaba de vuelta en la Tierra. Nunca había sufrido tanto, ni lo había hecho antes ni lo haría después.

»Era tan espantoso que no me sentía capaz de imaginar nada peor. No quería regresar... La Tierra es un magnífico lugar para vivir, si no se conoce nada más. Pero yo conocía otra cosa...»[18]

También se ha informado de que existe la posibilidad de elección —en algunos casos— entre quedarse allí o no. Muchos se acuerdan entonces de sus parientes vivos, su marido, su esposa, sus hijos, sus padres o sus amigos. Reconocen de forma intuitiva que su vida aún no está completa y que todavía tienen alguna misión que llevar a cabo.

«Fue una experiencia maravillosa, pero de repente me di cuenta de que estaba abandonando el mundo, de que estaba a punto de morir. Pero yo no quería morirme. Tenía dos niños y no sabía lo que sería de ellos sin mí. Como si pudiera leerme el pensamiento, el hombre que estaba a mi lado sonrió y dijo: «Aún no vas a morir. Todavía no has terminado lo que has de acabar». Algo me puso en el camino de vuelta, el

18. Kenneth Ring, p. 99.

mismo por el que habíamos llegado allí. Después recuperé la consciencia.»[19]

Lo que se puede extraer de este testimonio es que solamente hay posibilidad de una auténtica elección si las tareas que hay que desarrollar en la Tierra pueden en gran parte seguirse cumpliendo.

9. **La transformación de la personalidad.** La mayoría de las personas que han pasado por una experiencia cercana a la muerte se transforman tras ella muy profundamente. Este hecho ha sido estudiado con todo detalle por Melvin Morse y Paul Perry en una investigación científica sobre el tema. Volveremos sobre este aspecto un poco más adelante.

✵ Experiencias cercanas a la muerte en Alemania. Estudio de la universidad de Coblenza

Hubert Knoblauch llevó a cabo, junto con el Instituto para el Estudio de las Zonas fronterizas de la Psicología, dependiente de la universidad de Coblenza, un proyecto de investigación sobre la estructura y la difusión de las experiencias cercanas a la muerte que le costó varios años de trabajo. Por primera vez era aquí donde se expresaban algunos afectados germano-parlantes. Su *Berichte aus dem Jenseits – Mythos und Realität der Nahtoderfahrung* (Relatos sobre el Más Allá. Mitos y realidad de las experiencias cercanas a la muerte) apareció a principios de septiembre de 1999. Comenzó por realizar una

---

19. Melvin Morse y Paul Perry: *Verwandelt vom Licht. Über die transformierende Wirkung von Nahtoderfahrungen* (Transformado por la luz. Sobre el efecto transformador de las experiencias cercanas a la muerte). Múnich, 1994; p. 132.

encuesta que no estaba dirigida específicamente a las personas que habían tenido experiencias de este tipo, sino en general a la población alemana. Los resultados están referidos, pues, a la población total de la República Federal Alemana con más de 80 millones de personas. Para conseguir una respuesta a la pregunta de, en realidad, cuántas personas habían pasado por una experiencia cercana a la muerte, no se preguntó directamente a este respecto, sino por diferentes experiencias relacionadas con la muerte, como por ejemplo presentimientos de la muerte, visiones en el lecho de muerte, fenómenos paranormales y experiencias cercanas a la muerte.

✵ Resultados

El resultado fue sensacional: con relación a la población total, unos tres millones y medio de alemanes han experimentado una experiencia cercana a la muerte. De entre ellos, casi un mismo número de mujeres y de hombres. Además, el porcentaje de personas también es muy similar tanto en la Alemania Oriental como en la Occidental. Las distintas religiones no suponen ninguna diferenciación, y en cuanto a las diferencias sociales tampoco influyen de forma apreciable en el hecho de tener o no este tipo de experiencias.

Otros de los resultados de este estudio referido a las circunstancias en que se desarrolla una experiencia cercana a la muerte, muestra que los acontecimientos más comunes que llevan a estas experiencias son accidentes de tráfico, operaciones, infartos cardíacos u otras enfermedades graves. Resulta discutible hasta qué punto, en los casos de ECM, se trata en realidad de situaciones que ponen la vida en peligro y que están relacionadas con la muerte física. Y es que la cercanía a la muerte es una disposición apreciativa de carácter subjetivo. También se comprobó que las ECM habían dejado de ser un tabú en Alemania, puesto que no sólo los afectados hablaban sin problemas sobre el asunto, sino que incluso se había convertido en tema predilecto en los medios (radio, TV, periódicos, revistas y libros).

En este estudio se comprobó además «que la comparación de las experiencias cercanas a la muerte entre la Alemania del Este y del

Oeste equivalía en cierto sentido a una comparación entre las dos culturas diferentes».[20]

Por un lado, esto se basaba en el carácter ateo de la Alemania Oriental, lo que imprimía un significado totalmente distinto a las ECM. Con frecuencia, los afectados admitían que durante su experiencia se encontraban despiertos por completo (aunque los demás, que no participaban de dichas experiencias los consideraban inconscientes), y que tenían una sensación maravillosa. Tras la experiencia regresaban con la impresión de haber estado en otro mundo, en el que su consciencia se había ampliado de una forma absolutamente desconocida.

✡ Un mayor número de experiencias «infernales» en Alemania Oriental

Pero el resultado verdaderamente sorprendente del estudio hecho en la Alemania Oriental es que casi la mitad de los encuestados había tenido una sensación de miedo durante su experiencia. Más de un sesenta por ciento de los encuestados de Alemania del Este se reencontraron a sí mismos en ella, frente a apenas un treinta por ciento en la Alemania Occidental. La frecuente aparición de elementos infernales en las experiencias cercanas a la muerte en Alemania del Este se debe, por un lado, a la interpretación de la propia experiencia, y por otro remite a la ausencia de enfrentamiento con la muerte que caracteriza a la sociedad socialista (de hecho, el propio Estado había fomentado las fantasías represivas). Puesto que no había ninguna posibilidad de hablar sobre el asunto con nadie, el tema —al contrario que en el Oeste— estaba fuertemente cargado de miedo y las personas con estas experiencias se hallaban totalmente

20. Hubert Knoblauch: *Berichte aus dem Jenseits. Mythos und Realität der Nahtoderfahrung* (Relatos del Más Allá. Mitos y Realidad de las experiencias cercanas a la muerte); Friburgo, 1999, p. 136.

aisladas. No obstante, para los afectados las experiencias cercanas a la muerte eran como poder mirar al Más Allá, aunque con una escasa connotación cristiano-religiosa; en realidad, entendido más bien como una espiritualidad básica.

✡ Experiencias «infernales» subjetivas

En su estudio, Knoblauch intenta, ante todo, señalar la diferencia de contenidos de las experiencias cercanas a la muerte. Las «experiencias tipo» americanas con la sensación de paz y de no sentir dolor, la experiencia extracorporal, el túnel y la luz, que Knoblauch veía en principio como un modelo fijo, no se encontraban apenas en la sociedad alemana. Así pues, al comienzo de su investigación no tenía en cuenta las diferencias subjetivas de las experiencias. Además no se percataba del hecho de que Moody y Kübler-Ross de ninguna manera hablaban sobre experiencias cercanas a la muerte, sino que gracias a su trabajo pionero nos era posible por primera vez identificar las experiencias cercanas a la muerte como tales mediante sus diferentes características. Ninguna experiencia se desarrolla según un esquema determinado, aunque siempre se encuentran algunos elementos comunes.

A este respecto, Knoblauch presenta algunos ejemplos: «Una mujer que sufrió un accidente de coche contaba que, tras el choque, sintió muchísimo calor. Después lo vio todo con absoluta claridad. Lo que vio estaba indescriptiblemente lleno de colores, y ella se encontraba dentro de una inmensa burbuja. En esta burbuja vio a un amigo que había muerto hacía algún tiempo en un accidente de moto. Después, todo se ennegreció, y ella percibió a los médicos a su alrededor».[21]

En esta experiencia cercana a la muerte se trata claramente de una corta mirada al otro mundo. La mujer tiene dificultades para

21. Hubert Knoblauch, p. 133.

poner en palabras lo vivido. Sin embargo, siente la claridad y se encuentra con su amigo muerto. Son frecuentes las vivencias fragmentarias en los casos de accidentes de coche, puesto que, en estos sucesos, la experiencia cercana a la muerte casi siempre se desencadena a través de una reacción psíquica de estrés o mediante un desfallecimiento originado por un choque.

En el siguiente y «extraño» caso, una mujer se vio alcanzada por un rayo. Cuenta Knoblauch: «Enseguida creí que mi madre ya muerta me ponía en el suelo y me acariciaba con ternura. El sol lo iluminó todo. A pesar de la clara luz, se podían ver varios colores. Escuchaba música en tono bajo. Un hombre vestido de negro estaba a corta distancia de mí y me hacía señas. Mi madre, no obstante, me agarró. Se veían unos árboles muy grandes, que no tenían ni principio ni fin».[22]

Dejando aparte la luz y el encuentro con la madre muerta, el hombre vestido de negro y los árboles ¡sin principio ni fin! le parecen a Knoblauch elementos caprichosos. Pero por muchas conversaciones con diferentes personas que han tenido una experiencia cercana a la muerte, y también por comentarios en programas de radio o televisión con la participación de telespectadores, se sabe que el elemento del hombre vestido de negro es muy frecuente. Casi siempre se trata de un símbolo de la muerte, que otorga al afectado, sin embargo, la oportunidad de elegir. En este ejemplo esto es fácil de ver, porque la madre muerta prácticamente le pide a su hija que regrese a la vida.

Una mujer de la Alemania Oriental se vio a sí misma en el infierno: «Se vio a sí misma caminando por un bosque oscuro, lleno de extraños animales y figuras que se le acercaban. Los ruidos le daban miedo y corrió todo lo deprisa que pudo. Pero estaba en un laberinto».[23]

Las experiencias cercanas a la muerte generalmente se caracterizan por la subjetividad de la vivencia. La descripción anterior es un

22. Hubert Knoblauch, p. 134.
23. Hubert Knoblauch, p. 135.

encuentro con el miedo. Además existe una gran cantidad de personas con experiencias, o lo que es lo mismo, recuerdos muy fragmentarios. En ocasiones, parte de los recuerdos se pierden a causa de la acción de medicamentos fuertes o rápidas pérdidas de consciencia.

Raymond Moody ha elaborado, partiendo de los casos que ha analizado, lo que podríamos llamar la «experiencia tipo». No se trata de ningún «mito», más bien ha hecho posible por primera vez una evaluación científica de las experiencias cercanas a la muerte.

En el estudio de Knoblauch no se ha tenido en cuenta que hay diferentes grados de acercamiento a la muerte. Un encuentro con la otra realidad es de por sí de naturaleza fragmentaria, porque lo visto depende de la consciencia del afectado y la percepción está filtrada por los pensamientos.

No obstante, millones de personas se ocupan de analizar incluso las experiencias más insignificantes relativas a otros mundos, remitiendo a un contexto significativo espiritual más amplio.

✡ Explicación de las diferencias

Quien desee analizar en profundidad el material existente referido a las experiencias cercanas a la muerte, se quedará perplejo ante la multitud de informes o relatos diferentes. Sin embargo, hay determinados motivos o asuntos que siempre se repiten en ellos: la experiencia extracorporal, el tránsito (un túnel, un sendero, un puerto de montaña, etc…), la luz, la paz, la ausencia de dolor; no obstante, la conformación de la experiencia individual es muy diferente. Además, al comparar experiencias cercanas a la muerte en distintos círculos culturales resulta chocante que el relato del Más Allá esté permanentemente determinado por los modelos y los intereses de la cultura en cuestión.

Así, las experiencias de muerte de la Edad Media se caracterizaban por una espantosa descripción del infierno, al menos como estadio de tránsito. Las descripciones del Antiguo Egipto o del Tíbet contienen las correspondientes ideas de sus respectivos libros de los muertos; en los relatos indios aparecen paisajes con puertos montañosos y *wigwams*. En las descripciones de la misma época de la India, América o Alemania, nos encontraremos igualmente los cuños culturales propios de aquellos tiempos. Es comprensible, pues, que algunos lectores puedan preguntarse por qué las descripciones sobre el Más Allá resultan tan terriblemente subjetivas y por qué son vividas por cada afectado de forma tan distinta. A este respecto es necesario apuntar lo siguiente:

1. Las experiencias cercanas a la muerte son básicamente de naturaleza subjetiva e individual. Están determinadas por las respectivas ideas de los afectados. Cada persona vive la cercanía de la muerte desde su propio, y altamente individual, punto de vista.

2. La diferenciación se debe al hecho de que los respectivos pensamientos de los afectados se manifiestan de inmediato, tan pronto como la consciencia (el alma) abandona al cuerpo. Estos pensamientos están, por supuesto, determinados por la correspondiente cultura, así como por las ideas subjetivas y las expectativas de la persona que experimenta una ECM.

3. En el fondo, todas las experiencias cercanas a la muerte —que en general sólo contienen el *tránsito*, porque después todo el mundo regresa al cuerpo— únicamente pueden ser un detalle y además altamente subjetivo, o sea, un fragmento diminuto de lo que entendemos por Más Allá.

4. Sin embargo, objetivamente, existe una coincidencia en ciertas características de las experiencias cercanas a la muerte.

5. Alguien que está en trance de muerte sólo puede acercarse a lo experimentado hasta el punto que se lo permita su propio estado de consciencia en aquel momento, y éste es, evidentemente, muy distinto en cada persona. El que está lleno de miedo, se enfrentará a este miedo, lo que se manifestará a través de una experiencia desagradable o incluso «infernal».

6. Pero en todas estas experiencias diferentes y a través de todos los tiempos y culturas brilla siempre de igual manera la luz del amor incondicional.

7. En las variadas y frecuentes experiencias cercanas a la muerte actuales se pueden ver ante todo las repercusiones que éstas

tienen en la vida del afectado, lo que permite reconocer que el hecho de haber experimentado un contexto significativo espiritual más amplio hace desaparecer el miedo a la muerte.

8. Es extraordinariamente importante para el hombre actual saber que dispone de una *fuerza creadora propia gracias a los pensamientos*. Las repercusiones de nuestros pensamientos en nuestra vida con frecuencia sólo se pueden comprobar a través del tiempo y del espacio, y muchas veces desde fuera se entienden como actos arbitrarios, propios del destino. No nos preocupamos por analizar la causa original, o sea, los propios pensamientos. Sin embargo, en el tránsito al que llamamos muerte, de inmediato nos vemos confrontados a las consecuencias de nuestros pensamientos.

9. En la vida como en la muerte disponemos de libre albedrío, de voluntad propia. Tras el tránsito al otro mundo (¡como también sucede en la vida!) creamos siempre nuestra propia realidad. Nosotros mismos elegimos lo siguiente que queremos vivir.

10. Tan pronto como comprendamos esta relación entre los pensamientos propios y lo experimentado, reconoceremos la realidad objetiva del Más Allá que resulta tan poco accesible a nuestro limitado entendimiento terrenal.

11. La mayoría de las experiencias cercanas a la muerte se caracterizan por un recuerdo de nuestra pertenencia a un gran todo, al que tan sólo podemos llamar humildemente Dios.

12. Las experiencias cercanas a la muerte nos dejan claro el significado de todo acontecimiento. Por esta razón, la mayoría de los afectados regresan a la vida cotidiana totalmente cambiados. Experimentaron la existencia del otro mundo a pesar de toda la subjetividad y la diferenciación de las correspondientes vivencias.

13. Es común a todas las experiencias cercanas a la muerte la vivencia de otro plano de la realidad que es independiente de las funciones cerebrales o de los procesos bioquímicos del cuerpo. Una experiencia cercana a la muerte es siempre un punto culminante de la vida y no se olvidará nunca, independientemente de lo larga que ésta sea.

14. Los terapeutas de la regresión de todo el mundo han confirmado millones de veces las características de la transición de un estado a otro a través de sus propios clientes. Quizás el tránsito del alma a otra forma del ser viene predeterminado ya en los genes.

✦ Experiencias cercanas a la muerte de los ciegos: mente-vista *(mindsight)*

Durante la investigación realizada sobre las experiencias cercanas a la muerte y las extracorporales en los ciegos, Kenneth Ring y Sharon Cooper —basándose en los casos de treinta ciegos congénitos— descubrieron que éstos podían ver durante sus experiencias de muerte. Un estudio similar al suyo había aparecido ya a principios de 1997 en los Estados Unidos.

Las experiencias cercanas a la muerte de las personas ciegas de nacimiento se desarrollan igual que en las videntes, pero, según demostró el estudio, algunos ciegos no eran capaces de distinguir colores, mientras otros veían perfectamente la diferencia de colorido de las ropas de los presentes. Resulta muy interesante su encuentro con la luz, que es especialmente intenso, de tal manera que muchos ciegos no sólo podían ver esta luz, sino también sentirla. Además, los otros seres presentes en la experiencia se iluminaban y eran claros: «Allí, todos estaban hechos de luz. Y yo también estaba hecho de luz. Por todas partes había amor. Era como si la hierba despidiera amor y también los pájaros y los árboles».

Algunos invidentes se daban cuenta de que con ellos había ciertas personas a las que habían conocido en vida. Así, por ejemplo, una mujer joven se encontró con dos compañeras de colegio, que hacía ya años que habían muerto. Éstas no sólo eran ciegas, sino también deficientes mentales profundas. Pero en aquel momento se las veía sanas, llenas de vitalidad y de luz y bellas. No eran niñas; estaban más bien en la flor de la edad. Durante estos encuentros no se intercambiaron palabras, únicamente sentimientos —sentimientos de amor y de bienvenida. También pudieron «ver» la visión retrospectiva de su vida: «Aquel ser le dijo: "Pero antes observa esto". Lo que Vicki vio entonces fue su vida entera, desde su nacimiento, en una visión retrospectiva panorámica. Mientras la contemplaba, aquel ser iba haciendo amables comentarios que la ayudaban a comprender el significado de sus acciones y sus consecuencias».

El ochenta por ciento de los ciegos investigados declararon que durante la experiencia cercana a la muerte habían tenido percepciones visuales.

A este respecto conviene puntualizar que las investigaciones que se han hecho sobre los sueños dejan claro que los ciegos de nacimiento no tienen experiencias visuales mientras sueñan. Por lo tanto, una experiencia cercana a la muerte no puede ser un sueño y tampoco una alucinación.

Un niño de ocho años llamado Brad vivía en un hogar para niños invidentes. Se vio aquejado de una fuerte neumonía y a continuación sufrió graves trastornos respiratorios. Su corazón se paró durante al menos cuatro minutos. «Brad se dio cuenta de que ascendía al techo del dormitorio y desde allí observó su cuerpo sin vida tendido en la cama. Después, desde el techo subió al tejado. En este punto fue consciente de que era capaz de ver con absoluta claridad: percibió un cielo negro lleno de nubes y por primera vez en su vida vio la nieve. Observó un tranvía que recorría la calle y reconoció un campo de juego. A la pregunta de si conocía estas cosas o si realmente las vio, respondió: «Las visualicé con toda claridad. De repente las podía percibir y ver. Recuerdo que las podía observar perfectamente». A continuación se sintió como absorbido por un túnel y acabó apareciendo en un inmenso campo, que estaba iluminado por una fuerte luz universal. También en este «reino» era capaz de ver con total claridad.

Por lo general, los ciegos comentan que son capaces de observar tanto cosas de este mundo como escenas del otro, cuando se introducen en el ámbito trascendente de la experiencia cercana a la muerte. El Más Allá es descrito desde el punto de vista de la visión como perfectamente natural, es decir, así como debe ser. El comienzo de la percepción visual del mundo físico suele ser para los ciegos desconcertante o incluso inquietante. Vicki cuenta: «Me resultaba verdaderamente muy difícil encontrar una referencia al acto de ver, porque yo nunca había tenido esta capacidad. Para mí era algo muy extraño, ajeno a mí. ¡Ser capaz de ver! ¿Cómo puedo explicar eso con el lenguaje? Era algo así como escuchar palabras, pero no entenderlas».

Esta fase de desorientación se parece en cierto modo a la experiencia de las personas que nacen con cataratas y que después recuperan la visión. Durante una experiencia cercana a la muerte, los ciegos también necesitan de un determinado tiempo de adaptación, pero al cabo de ese tiempo para ellos es como si hubieran visto desde siempre.

¿Cómo se entiende, pues, que los ciegos, durante una experiencia cercana a la muerte, parezcan ser capaces de superar las limitaciones sensoriales, que hasta entonces les mantenían presos en un mundo sin imágenes? ¿Depende, en suma, la capacidad de ver sólo de los ojos o quizá entra en juego otra forma de percepción, cuando se es lanzado —se sea ciego o no— a un estado de consciencia, en el que el sistema sensorial deja de funcionar? También con esto queda demostrado que la muerte es una ampliación de la consciencia, que se da con independencia de las funciones corporales vitales.

Kenneth Ring llega a la siguiente conclusión en su estudio: «Ha de puntualizarse que, para los ciegos, estas percepciones no son lo mismo que la vista física, es decir, los ciegos no ven de la manera habitual en estas experiencias. Más bien tienen acceso a una consciencia trascendental ampliada. Entran en un estado trascendental de consciencia que se designa como «mente-vista» (*mindsight*). Cuando los sistemas sensoriales quedan suspendidos, este estado «mente-vista» nos es potencialmente accesible y permite el acceso directo a un ámbito del saber transcendental, que en nuestro estado de vigilia normal nos está cerrado. Así sucede que los ciegos pueden percibir lo que no pueden «ver» en el sentido literal del término, y de esta manera reconocer lo que hasta entonces les había permanecido escondido. Esto no es «ver» sencillamente, sino que se trata de una omnisciencia que puede superar completamente las prestaciones de la vista. Es el «yo», el «yo más alto» que ve y divisa el mundo desde una visión sin ojos, una percepción mental».[24]

24. Basado en un artículo de *Esotera* 12/96; pp. 16-21.

✪ Lo esencial de una experiencia cercana a la muerte

Como hemos visto, una experiencia cercana a la muerte sigue un modelo básico concreto. Puede sobrevenir durante una casi muerte biológica o psicológica.

En el primer grupo, o sea, el de la muerte biológica, se incluyen las personas que casi mueren biológicamente, es decir, que estuvieron muertas clínicamente, por ejemplo por ataques cardíacos en los que el corazón se queda parado y la circulación cae, por intentos de suicidio, en los casos en los que media la violencia o por accidentes en los que el cuerpo queda gravemente dañado.

En el segundo grupo, o sea, la muerte psicológica, el desencadenante son experiencias que llevan a algunas personas a creer psíquicamente que están cerca de la muerte, incluso sin tener ningún tipo de herida o enfermedad; por ejemplo, montañeros que sobreviven a una caída, situaciones de estrés enormes o situaciones difíciles y crisis psicológicas. El contenido de las experiencias cercanas a la muerte es el mismo independientemente del desencadenante, y esto aunque las ECM psicológicas rara vez suelen completarse. También las experiencias en el lecho de muerte y las visiones de muerte forman parte del ámbito de las experiencias cercanas a la muerte, incluso aunque contengan tan sólo algunos elementos y normalmente les sucedan a personas que se enfrentan al acto de morir lentamente.

En las experiencias cercanas a la muerte, por lo general, se produce un enfrentamiento repentino, no esperado, con la muerte. El no recordar una experiencia de este tipo puede deberse al hecho de haber sufrido una rápida pérdida de consciencia, con lo que se puede decir que cuanto antes se pierde la consciencia, menor es la probabilidad de recordar una experiencia cercana a la muerte. Así, muchos investigadores en la actualidad consideran que la no experimentación consciente de una experiencia cercana a la muerte es casi como no haber pasado por ella. Esto explica por qué tan sólo un veinticinco por ciento de las personas que están cerca de la muerte biológica o psíquica, son capaces de acordarse después conscientemente de la vivencia. Además conviene también tener claro que los psicofármacos y los calmantes merman la capacidad de percepción y de recuerdo de las experiencias de muerte; por otro lado, debe tenerse en cuenta que en las clínicas alemanas apenas nadie les pregunta a los pacientes por este tipo de experiencias. De cualquier forma, conozco casos en los que las experiencias cercanas a la muerte soterradas se vuelven perceptibles a través de sueños y después se trasladan a la superficie consciente. Lo que significa que un gran potencial de experiencias de muerte olvidadas hasta que son despertadas han permanecido inutilizadas.

Cuando las personas con experiencias cercanas a la muerte o vivencias espirituales similares se abren de verdad y hablan libres de prejuicios sobre lo que han vivido, es frecuente que hagan su aparición otras vivencias parecidas olvidadas.

En algunos centros de investigación de renombre de Europa y los Estados Unidos hay investigadores de diferentes disciplinas ocupándose de dar una respuesta a la importante pregunta de la humanidad de qué sucede cuando nos morimos.

La pregunta fundamental y básica de nuestra existencia, con sus efectos interdisciplinarios, remite al hecho de que la muerte no es el final, sino un paso, un tránsito a otra forma del ser.

Esto muestra una relación con los escritos sagrados de todos los tiempos y todos los pueblos, que hablan constantemente de una vida después de la muerte física.

Desde el libro de los muertos tibetano —cuyas descripciones pueden compararse hoy en día con experiencias cercanas a la muerte— hasta la Biblia, así como las narraciones de los místicos o el *Ars moriendi* de la Edad Media, todos estos escritos recogen indicios del Más Allá que pueden hacer referencia tanto al cielo como al infierno.

La condición previa para el viaje de las almas es el abandono del cuerpo por parte de estas últimas: la experiencia extracorporal. Justamente de ella se habla a lo largo de toda la historia de la humanidad y de todos los tiempos, y en todas partes del mundo, al igual que de las experiencias cercanas a la muerte.

No obstante, la experiencia extracorporal ya fue investigada en la década de 1970 a nivel de laboratorio en el Instituto Monroe de Virginia, en los Estados Unidos. Y científicamente quedó comprobado que el ser humano es capaz de abandonar su cuerpo en determinadas condiciones y mediante la aplicación de ciertas técnicas. Elisabeth Kübler-Ross fue entonces una de las primeras que quiso tener esta experiencia y da cuenta de ella elocuentemente en su libro *Nostalgia de casa* (1997).

No en último lugar ha de atribuirse el aumento de esta profunda experiencia que amplía la consciencia a los adelantos de la moderna medicina de cuidados intensivos de alta tecnología.

Lo que es cierto es que millones y millones de personas de todo el mundo han pasado por una experiencia cercana a la muerte. Ha quedado claro que estas experiencias siguen un determinado modelo básico, independientemente de la cultura, la raza, la identidad sexual, etc. a la que se pertenezca.

La mayor parte de las que han tenido esta experiencia podrían describir con exactitud aquello que les rodeaba, aunque físicamente se encontrara en una unidad de cuidados intensivos o en el lugar de un accidente.

Muchos se encontraban muy lejos del lugar de los hechos, en casa de su madre, padre o de otros parientes, con los que les unen lazos afectivos. Otros muchos eran capaces de describir, desde el ámbito extracorporal, los cambios que se han producido en cada entorno.

Se ha comprobado a través de innumerables estudios que las experiencias cercanas a la muerte son experiencias universales, que, independientemente de las características geográficas o culturales, están relacionadas directamente con nuestra naturaleza humana. La frecuencia con la que se producen demuestra que son auténticas experiencias del ser humano.

Cuando sobrevivimos a la muerte, este hecho tiene amplias consecuencias en nuestra vida. A través de este conocimiento es posible por primera vez enfrentarse sin miedo aquí y ahora a la vida. El hecho de que en la opinión pública y en los medios reine una ignorancia cada vez más espantosa y con frecuencia una arrogancia científica frente al tema, se debe probablemente —tal es mi opinión— a una inseguridad buscada con relación a la muerte y al acto de morir, evitándose así un análisis serio del acto de morir, la muerte y la vida.

✪ Intento de explicación de la ciencia

La más común es la tesis de que se trata de alucinaciones, falta de oxígeno en el cerebro (hipoxia cerebral) o la liberación de endorfinas en el cerebro. Todas estas populares e «hiperutilizadas» formulaciones de descrédito no tienen, sin embargo, nada que ver con las experiencias concretas y demostrables de la gente. El asunto llega ya a ser indignante cuando ciertas personas que han pasado por experiencias cercanas a la muerte hablan al respecto en algunos programas, y al final tienen que pasar por la humillación de muy doctos psicólogos que catalogan las vivencias con alguna de las etiquetas mencionadas arriba.

Si analizamos las explicaciones de la ciencia acerca del fenómeno de las experiencias cercanas a la muerte, se puede objetar lo siguiente:

1. Las experiencias cercanas a la muerte son sucesos lógicos que se producen ordenadamente, en cuyo transcurso sucede que el afectado sale del cuerpo, se sumerge en la oscuridad y presencia una luz indescriptible. Se es consciente de lo que se está viviendo, muy al contrario de las alucinaciones en las que no se tiene ninguna consciencia.

2. Se ha comprobado que las experiencias cercanas a la muerte, así como las extracorporales, se presentan sin haber tomado ninguna sustancia que transforme la consciencia. Al contrario, ha quedado claro que las personas que han tomado medicación fuerte o psicofármacos, con frecuencia son incapaces de recodar incluso el haber pasado por una experiencia cercana a la muerte. La deformación de la percepción y del recuerdo puede remediarse a través de los sueños, o trabajando el tema, y así, algunos años después, emerger a la superficie consciente.

3. Las llamadas «experiencias de inanidad» y la sensación desagradable de vacío (las visiones del infierno) tienen lugar en su mayoría en procesos originados por el uso de anestésicos. Por consiguiente, a la medicina no le ha sido posible hasta el

día de hoy explicar las experiencias cercanas a la muerte como un efecto secundario de los medicamentos.

4. Una de las explicaciones preferidas acerca de las experiencias cercanas a la muerte es la tesis de la falta de oxígeno en el cerebro (hipoxia cerebral), como causante de las visiones. A esto hay que objetar la circunstancia de que no siempre se da una carencia de oxígeno obligatoriamente en todas las experiencias cercanas a la muerte. Puesto que se ha comprobado mediante las investigaciones y mediciones de los niveles de oxígeno de los pacientes que la falta de esta sustancia en el cerebro no es un requisito indispensable para que haya una experiencia cercana a la muerte, no se puede entender ésta como consecuencia de tal carencia. Únicamente se puede admitir que la hipoxia sea quizá un factor desencadenante.

5. La participación de las llamadas drogas endógenas como la endorfina o la serotonina no provocan ninguna alucinación u otras experiencias «gráficas», es decir, en forma de imágenes. Sin embargo, en una experiencia cercana a la muerte la profusión de sucesos en lo que a contenido se refiere está tan llena de imágenes que el valor de la explicación de los opiáceos endógenos se reduce notablemente. Hasta ahora las investigaciones sobre el cerebro no han encontrado ningún modelo inconfundible de excitación para las experiencias cercanas a la muerte en la bioquímica del ser humano. En cualquier caso, aunque los procesos fisiológicos cerebrales puedan servir como mecanismo desencadenante, no explican la aparición de las experiencias cercanas a la muerte. Más bien parece que el hecho de que el hombre sea algo más que un producto de su cerebro y de la correspondiente bioquímica, causa preocupación a los científicos de tendencia materialista, pero está claro que nuestra consciencia existe independientemente del cuerpo.

6. Los neurólogos han comprobado que existe una especie de «lugar de conexión de la mística» en el lóbulo temporal derecho, un punto situado justamente encima de la oreja izquierda en el centro del cerebro, en el que se localizan ciertos ele-

mentos de las experiencias cercanas a la muerte. Las pruebas con impulsos de corriente en esta región han demostrado que se pueda llegar a experiencias extracorporales, que se vean figuras animadas o que se observe una panorámica de la vida. Sin embargo, el elemento más importante de una experiencia cercana a la muerte no es susceptible de estimulación. Nos referimos a la experiencia de la luz que tiene como consecuencia profundos cambios de la personalidad.

Si descubriéramos que las experiencias cercanas a la muerte tienen una base biológica propia, esto no confirmaría la imagen material del mundo, sino que más bien la cuestionaría. ¡Se impone la idea de que el tránsito al Más Allá está programado genéticamente!

✿ Cambios en la personalidad como consecuencia de una experiencia cercana a la muerte

La mayoría de las personas que han pasado por una experiencia cercana a la muerte cambian radicalmente en lo que se refiere a sus actitudes, valores y puntos de vista sobre la vida. Ya no vuelven a tener miedo a la muerte. La experiencia, por lo general, no se olvida nunca. Incluso aunque ésta se produjera cuando se es un niño, se recuerda después como adulto. Pero antes de que analicemos con más detalle algunos componentes de la repercusión de una experiencia cercana a la muerte en los que pasan por ellas, quisiera hacer algunas observaciones sobre las circunstancias negativas o difíciles que pueden acompañar a una experiencia de este tipo. Por desgracia, tales circunstancias se ocultan casi por completo en los textos especializados sobre la materia.

Quien se haya relacionado con personas que han pasado por experiencias cercanas a la muerte, y hayan charlado con ellas, sabe que puede encontrarse tremendas dificultades a la hora de tratar dichas experiencias.

✲ Pérdida de orientación

El entorno, los allegados, los amigos y los parientes muchas veces no están preparados para enfrentarse a las experiencias psíquicas de una persona, y no le toman en serio cuando habla al respecto. Además todo lo que resulta de importancia para los afectados es susceptible de ser cuestionado. Esto produce, en ocasiones, una pérdida de orientación, ya que las personas afectadas no saben cómo deberían configurar de forma distinta su propia vida. Frecuentemente empiezan con una búsqueda espiritual que puede llegar a durar años. También pueden presentar fuertes depresiones, porque el afectado deja de sentirse bien en su hogar aquí en la Tierra y se siente triste por la pérdida de la omnisciencia, la totalidad y el amor sin condiciones. Incluso pueden producirse desdoblamientos de la personalidad con desvíos psicóticos, porque los distintos mundos internos no pueden ser integrados en la vida cotidiana, es decir, los afectados nunca se sienten lo suficientemente conectados con la Tierra. Muchos ni siquiera saben cómo alcanzar posibles metas que visualizaron en una exposición del futuro en la que, por ejemplo, se veían a sí mismos como maestros espirituales.

Es especialmente notable en este contexto el hecho de que, con frecuencia, aparezcan capacidades paranormales después de una experiencia de este tipo, tales como la clarividencia, bombillas que estallan a su alrededor, sueños premonitorios, visiones (contactos con los muertos o con los espíritus), etc. También lo es la circunstancia de que los elementos objetivos del Más Allá se vean influidos por los subjetivos, o lo que es lo mismo, por los propios deseos, pensamientos, ideas e impulsos. El afectado puede sucumbir a sus propias visiones e ilusiones, porque, debido al poder de los pensamientos, todo se manifiesta de inmediato en la experiencia extracorporal.

✲ Encontrarse a uno mismo

Este proceso de encontrarse a uno mismo puede durar incluso siete años. Afecta casi al diez por ciento de todas las experiencias cercanas a la muerte. No obstante, las consecuencias acaban siendo siempre positivas: con frecuencia se dan rodeos antes de que el individuo sea capaz de aclarar la experiencia. Estos largos procesos de encuentro de uno mismo aparecen con especial asiduidad en las personas que han tenido varias experiencias cercanas a la muerte en diferentes fases de su vida. El material resulta tan imponente que no puede ser integrado en la vida cotidiana. Además aparecen mezclados con los posibles elementos negativos de una experiencia cercana a la muerte, lo que se llaman experiencias «infernales». Por otra parte, tras *varias* experiencias cercanas a la muerte, tan sólo quedan en la memoria diferentes fragmentos de cada experiencia. Lo indeterminado se vuelve doloroso, porque sea debido a las circunstancias de la ECM o a las reacciones negativas del entorno, parte de lo experimentado queda oculto y no puede recordarse. Las diferentes experiencias se mezclan. Si durante la experiencia cercana a la muerte existe contacto con el saber total y se visualiza el futuro, va a resultar difícil distinguir de forma concreta los distintos recuerdos. El caos en el interior de alguien que ha procesado tales experiencias es difícil de imaginar. El recuerdo es en parte caótico: algunas de las cosas esperadas no llegan, pero por otra parte ciertas cosas vistas se presentan de manera totalmente inesperada. Para soportar esta disonancia se hace necesaria como mínimo una persona que esté centrada y que sea capaz de aguantar la desconcertante subjetividad de lo experimentado, sin importar si ciertas acciones ya observadas llegan a suceder de verdad o no. Así pues, quien haya experimentado de lleno el vacío desesperanzador o haya tenido que presenciar la violencia de la repetición de ciertas situaciones, seguramente será muy consciente de sus propios extravíos en el mundo terrenal y de la responsabilidad que tiene a este respecto.

El Más Allá y el mundo terrenal parecen compenetrarse. La vida es un proceso continuo en el que un ser o unidad consciente no se transforma de manera automática, a través del tránsito que llamamos muerte. Más bien encontramos en el otro lado aquello con lo que se corresponde nuestra propia realidad psíquica. Es una ilusión creer que a través de la muerte automáticamente seremos liberados de todo o llegaremos a ser perfectos. A través de modelos iguales, desde el punto de vista intercultural, de una experiencia cercana a la muerte se puede descubrir una realidad objetiva del Más Allá; no obstante, el individuo ha de estar en condiciones de reconocerla y de elegir con libertad. Para ello es extraordinariamente importante familiarizarse con las perspectivas del Más Allá ya durante la vida terrenal.

✤ Liberación

Y sin embargo, en último término, toda Experiencia Cercana a la Muerte —sea positiva o negativa— es liberadora y transforma para siempre la visión de las cosas que tiene la persona. Sería deseable que cada vez más gente se atreviera a dar a conocer sus experiencias y hablara sobre ellas. No se trata de nada secreto, íntimo o personal, porque concierna al núcleo existencial de la persona: todos tenemos que morir. Cuanto antes estemos familiarizados con esta idea, y antes creemos esperanza para nuestra vida a partir del hecho de la experiencia por la que hemos pasado y aprovechemos el potencial de una posible transformación, más fácilmente se configurara nuestra vida en el aquí y ahora. Reconoceremos el sentido profundo de todo lo que nos sucede, y perderemos el miedo a la muerte. Esto nos abre una gran variedad de nuevas oportunidades en la vida cotidiana. No sólo se pueden reconocer las propias limitaciones, sino que también se las puede vencer. Gracias a un despertar espiritual por fin todo puede ser posible: cada cual debería hacer únicamente lo que de verdad desea, y no debiera permitir ser cercenado o restringido por toda una serie de actividades obligatorias y no placenteras que responden sólo a un pensamiento material de seguridad (¡lo que además no es otra cosa que pura ilusión!). Es la fuerza del amor incondicional —si la reconocemos— la que se encuentra siempre a nuestro alrededor y sobre todo en nuestro interior. Esta fuente de energía es la que nos permite soportar nuestros fracasos, decepciones, pérdidas y dolores, con la certeza de que nunca estamos solos. Es una fuerza a la que yo llamaría Dios.

Sobre todo en los últimos años las repercusiones de las experiencias cercanas a la muerte en el desarrollo de la personalidad, se han convertido en objeto de sistemáticas investigaciones científicas.

Médicos y psicólogos hablan de cambios duraderos en criterios decisivos referentes al modo de proceder en la vida, a la forma de valorar y al comportamiento social de los afectados.

Se trata de lo que las experiencias cercanas a la muerte pueden producir en las personas que se han enfrentado a ellas de diferentes maneras. Las consecuencias mencionadas de una experiencia de este tipo son de tal peso, y sobre todo tan efectivas y liberadoras, que hacen que los trabajos psicoterapéuticos parezcan ya métodos antiguos.

✡ Repercusiones

Melvin Morse, famoso pediatra norteamericano, fue el pionero en la investigación de las repercusiones transformadoras de las experiencias cercanas a la muerte. En 1992 presentó un estudio que contenía los quince criterios de las repercusiones de una ECM:

1. Las personas que han pasado por una Experiencia Cercana a la Muerte son más cariñosas y calurosas de lo que lo eran antes.
2. Dejan de tenerle miedo a la muerte (desaparece la tanatofobia).
3. Tienen más ganas de vivir; son conscientes del aquí y el ahora y lo disfrutan.
4. En muchos casos, los afectados adquieren facultades paranormales: clarividencia, profecía, visión del futuro en los sueños y conocimiento de sucesos por propia inspiración.

   Un hombre contó (1980) que se encontraba en un pequeño restaurante, cuando le sobrevino un mal presentimiento que le decía que le había pasado algo a uno de sus hijos. Sintió la necesidad de llamar inmediatamente a su casa.

   «Fui a llamar por teléfono y comprobé que justo en el momento en que había tenido ese mal presentimiento, mi hijo, subido a la bicicleta de un vecino, corría calle abajo sin frenos... De alguna forma atravesó corriendo el cruce sin que le atropellara ningún vehículo y fue a caer a la cuneta. Mi mujer apenas podía creer que nuestro hijo no hubiera acabado bajo las ruedas de un coche y no hubiera muerto. Hablaba terriblemente asustada al teléfono y, tal como me dijo, todo había sucedido tan sólo unos pocos minutos antes de que yo llamara.»[25]

Una joven me contaba en uno de mis seminarios que había visto la muerte de su marido con todo detalle en un sueño premonitorio. Algunos años antes había pasado por una experiencia cercana a la muerte. Soñó unas cinco semanas antes de que sucediera que su marido tendría un accidente y que moriría en él. Incluso llegó a ver imágenes muy concretas del suceso. Como en los siguientes días no ocurría nada, pensó que simplemente aquel sueño no se haría realidad. Al cabo de cinco semanas, su marido tuvo un accidente de tráfico muy grave y murió en el lugar de los hechos.

La clarividencia, es decir, la facultad de ver el futuro o, lo que es lo mismo, acontecimientos que sucederán en el futuro, y la facultad de entrar en contacto con los muertos son muy frecuentes después de haber pasado por Experiencias Cercanas a la Muerte totales, sobre todo si se han tenido experiencias luminosas.

5. Algunos afectados por estas experiencias adquieren una inteligencia superior. El hecho de verse envueltos por una cierta omnisciencia, por un todo en el que se dispone del más absoluto saber, les hace obtener conocimientos en ámbitos que antes les eran totalmente desconocidos; por ejemplo, un obrero del ramo de la construcción, tras su experiencia cercana a la muerte, se convirtió en un investigador físico.

6. Por lo que parece, algunas personas se ven, por así decirlo, reticuladas electromagnéticamente como consecuencia de una experiencia cercana a la muerte, lo que puede ser una explicación para el hecho de que algunas dejen de poder llevar reloj,

25. Melvin Morse y Paul Perry, p. 133.

porque las agujas se quedan paradas, o quizá explique por qué disfrutan de una inteligencia superior o por qué saltan los plomos en su presencia a causa de la tensión.

7. Captan el sentido más profundo de la vida: comprensión de las leyes espirituales; se vuelven más espirituales y más sensibles con los demás seres vivos.

8. Las experiencias cercanas a la muerte ejercen un cambio duradero en los afectados. Aun pasados veinte o treinta años, lo sucedido se recuerda con todo detalle.

9. Experimentan un estado de seguridad o recogimiento anímicos. Gracias a él, tienen la capacidad de reconocer las llamadas «casualidades» o «sincronicidades», algo que en realidad afecta a todo el mundo, porque nada de lo que nos sobreviene es por casualidad.

10. Los bienes materiales pierden valor para ellos.

11. En la mayoría de los casos se origina una nueva orientación en su vida espiritual, o sea, religiosa, con lo que una experiencia cercana a la muerte actúa como catalizador de un despertar espiritual.

12. Sensibilidad ante la reencarnación.

13. La religión toma la dirección de una apertura hacia la espiritualidad, mientras disminuye el interés en las religiones tradicionales.

14. Algunos afectados por estas experiencias se ven curados de sus enfermedades por la fuerza con la que brilla la luz; por ejemplo, desde enfermedades como el cáncer al crecimiento de ciertos miembros del cuerpo.

He aquí un ejemplo especialmente digno de atención de la consulta del doctor D. Chopra: «Pienso en un paciente cuya experiencia de traspasar sus límites físicos había sido decisiva para que viviera o muriera: "Durante todo el año pasado fui testigo de una lucha que tenía lugar en mi cuerpo, aunque en mi corazón me sentía como el más feliz y despreocupado de todos los niños. Había encontrado ese ámbito de mí mismo que podía verse afectado por el cáncer que padecía. Yo me sentía mucho más fuerte que él, muy por encima de él. A veces tenía la sensación de ser totalmente el dueño y señor de mi enfermedad. Y otras veces sencillamente no le prestaba ninguna atención. En ambos casos, la enfermedad no podía reducir la sensación que tenía de estar vivo y sano en medio del caos y la destrucción". Cuando Craig Reed escribió estas palabras en una carta, acababa de recibir un diagnóstico de cáncer en fase terminal. Me mostró esta carta después de curarse».[26]

«Un joven de Sachsen que sobrevivió a un grave accidente de tráfico y que estuvo días sometido a hemodiálisis, contaba que había visto con sus propios ojos la lucha entre los virus malos y buenos del cuerpo. Los malos estuvieron a punto de vencer, pero sin embargo, de repente, su cabecilla murió y se volvió a hacer la luz, pudiendo los buenos realizar su trabajo con calma.»[27]

15. Algunos afectados tienen la experiencia del ángel de la guarda, que después influye en su vida. Igualmente, la experiencia de la luz puede generar una nueva aparición de dicha luz en posteriores crisis espirituales o psicosomáticas.

✪ Transformación

El carácter transformador de las experiencias cercanas a la muerte las diferencia completamente de otras experiencias espirituales. Es frecuente que se produzca la curación de enfermedades tan graves como el cáncer o el sida.

Harald Junhke me contó en una conversación que mantuve con él que había conseguido acabar con sus problemas con el alcohol a través de una experiencia extracorporal que tuvo mientras estaba en coma.

26. Deepak Chopra: *Die unendliche Kraft in uns. Alle Kraft steckt in dir!* (Una fuerza sin fin dentro de nosotros. Todas las fuerzas se esconden en tu interior); Múnich, 1998; p. 166 y siguiente.
27. Hubert Knoblauch, p. 135.

La nueva estructuración energética unida al conocimiento de que la muerte sólo es un tránsito a otra forma del ser, permite ante todo liberar los miedos. Mientras los hombres permitamos que el miedo gobierne nuestra vida, quedaremos limitados a nuestro propio ser. Quien confiere intensidad a su miedo permanentemente, libera justo esa fuerza creadora negativa que se ocupa de que suceda incluso aquello que más se teme. Por ejemplo, si una mujer siempre que pasa por algún callejón oscuro se imagina que alguien la va a violar, hay muchas probabilidades de que tal hecho ocurra algún día. Atrae estas energías hacia sí y al tiempo hacia su vida.

Otro ejemplo es el miedo exagerado a las enfermedades, las pérdidas o los dolores. Queremos adquirir seguridades. Convertimos al cuerpo en un tirano cuando nos hacemos apóstoles fanáticos de la salud y dejamos de percibir nuestras propias necesidades por miedo a caer enfermos.

En el transcurso de los últimos años, muchos psicólogos han reconocido la fuerza transformadora de las experiencias cercanas a la muerte. Así, incluso se han desarrollado conceptos que se han puesto en práctica en el tratamiento de las personas con tendencias suicidas ¡y han resultado de gran éxito! Muchas de las personas que han pasado por este tipo de experiencias, no sólo disponen después de un conocimiento universal sino que son capaces de trasladarlo a su vida.

A causa de tales cambios masivos, el entorno reacciona con resistencia y también lo hace la psique. El despertar espiritual conlleva con frecuencia síntomas de tránsito que pueden ser comparados con psicosis. Los sueños animados, las alucinaciones y las irritaciones mentales desfiguran un renacer psíquico de esta naturaleza, convirtiéndolo en una auténtica experiencia «infernal». La sociedad industrializada occidental está muy poco preparada para semejantes casos de emergencia. Un despertar espiritual puede originarse igualmente como consecuencia de la pérdida de una persona de referencia, cuando las circunstancias vitales cambian drásticamente, a través de determinadas técnicas de meditación o incluso con ciertas drogas que amplían la consciencia.

Debido a una experiencia cercana a la muerte o a una crisis espiritual, se cuestionan de forma radical todas las ideas que se tenían hasta entonces. El aprecio excesivo de nuestras facultades es reflejo de un miedo a la muerte no confesado y de la falta de confianza en la vida. A través de una experiencia cercana a la muerte o un despertar espiritual, los afectados dejan de sentirse amenazados y emplean su capacidad de ser trascendentes. La experiencia cercana a la muerte se convierte en la experiencia central y ya no puede detenerse la marcha hacia el interior. Se convierte en el guía colectivo del viaje que traspasa las limitadas percepciones del temeroso ego.

✪ Experiencia cercana a la muerte definitiva

Los relatos anteriores acerca de la experiencia de la luz, el núcleo más interno de la experiencia cercana a la muerte, se han convertido en la actualidad en parte de los conocimientos generales sobre el acto de morir. Kenneth Ring ha registrado, valorado y analizado durante décadas las experiencias cercanas a la muerte de innumerables personas, y ha descubierto que existe gente que, durante una experiencia de este tipo, ha sido capaz de sobrepasar los ámbitos conocidos por todos. Han ido más allá de la luz y hablan de la existencia de una segunda luz que representa una especie de luz definitiva y que es la fuente de todo. Es el lugar del que venimos y al que siempre habremos de volver. Esta fuente de toda creación, de la que fluye eternamente el amor absoluto y el conocimiento perfecto es la luz original de Dios. En este lugar nos encontramos de nuevo en casa y aquí se nos recuerda que también en la Tierra estamos unidos a Dios, que como hombres disfrutamos de naturaleza divina y que simplemente lo hemos olvidado. La reunión con la fuente de la creación, la inmersión en el amor incondicional de Dios es la felicidad verdadera, que resulta imposible de expresar con las palabras humanas. Esta luz definitiva representa el origen de todos los seres y todas las cosas.

Los relatos, que van más allá de las habituales experiencias cercanas a la muerte, descubren un universo resplandeciente y conducen al origen último de la creación.

Kenneth Ring incluye algunos de ellos en su libro *En presencia de la luz*. Después, Mellen-Thomas Benedict pasó por una de las experiencias cercanas a la muerte más sorprendentes. A este respecto es digna de mención la insaciable curiosidad que caracteriza a Mellen. Quería experimentarlo todo sobre la esencia de la realidad y así pues realiza todas sus preguntas a este respecto en presencia de la luz. Y éstas le son respondidas.

Mucha gente que pasa por experiencias cercanas a la muerte espontáneas se ve demasiado sorprendida por las experiencias ampliadoras de la consciencia y al tiempo enfrentada también a sus miedos ante la propia extinción, ante la muerte. Todo esto induce a pensar que fueron la serenidad y la valentía específicas de Mellen-Thomas las que hicieron factible la experiencia definitiva. Experimentamos justo lo que se manifiesta en nuestra consciencia en el momento del tránsito y, de este modo, también damos forma a la realidad ultraterrenal con la fuerza de nuestros pensamientos.

Mellen sufría una enfermedad del cerebro que no podían diagnosticar y los médicos le habían dado seis meses de vida. Mientras estaba en el hospital, «estuvo muerto» durante más de hora y media: Abandonó su cuerpo, se percibió a sí mismo, divisó un camino al final del cual apareció una luz que se iba haciendo cada vez más grande. Mellen tuvo una visión retrospectiva de su vida y en ella descubrió que podía interactuar con dicha luz. En un determinado punto de la revisión de la experiencia vital gritó «¡Para!», y las imágenes se detuvieron efectivamente. Se dirigió hacia la luz. Quería saber lo que en realidad era aquella luz. «... Y entonces aquella luz se me mostró en un plano en el que yo jamás había estado. No puedo decir que fueran palabras; era más bien una activa comprensión telepática.»

Mellen adquiría un creciente deseo de saber conforme iba penetrando aún más en la luz. «Y me sentí atraído hacia la luz y para mi sorpresa la atravesé, ¡bum!... Fue como si me viera empujado hacia algún sitio. No sabía si me estaba moviendo en el universo, pero de repente vi cómo el mundo se echaba a volar. Observé cómo volaba el sistema solar. Después vi galaxias y aún más. Tuve la sensación de que atravesaba todo aquello... Parecía como si me moviera a una velocidad vertiginosa, pero creo que en realidad era mi consciencia que se estaba ampliando con gran rapidez. Todo sucedió tan deprisa, pero a la vez con tanto detalle que otra luz vino a mi encuentro (¡)... Y cuando penetré en *esta luz*, fue como si me disolviera o algo así.

Y en ese momento comprendí que me había encontrado con el estallido original que dio lugar al mundo. Era la primera luz que había existido y yo volaba y la penetraba. ¡Eso fue lo que pasó! Atravesé volando la membrana de lo que en los albores de los tiempos se llamaba el "vacío", creo. De repente, me encontraba en ese vacío y fui consciente de todas las cosas que entonces se crearon. Era como si yo viera a través de los ojos de Dios. Yo me había convertido en Dios. De pronto había dejado de ser yo mismo. Lo único que puedo decir es que miraba con los ojos de Dios. Y de golpe supe el porqué de cada átomo y fui capaz de verlo todo. Permanecí en aquel lugar no sé cuánto tiempo. Y me di cuenta de que allí había ocurrido algo muy profundo. Después recorrí toda la experiencia al revés. Atravesé de vuelta el estallido original y en este punto comprendí que todo, desde el estallido original, desde aquello a lo que se llamó «la primera palabra», en realidad era el primer movimiento. Antes de que existiera ninguna oscilación, había un lugar... Cuando regresé a la primera luz... fue como una vuelta, pero esta vez lo vi todo en su forma energética, en su esencia pura, como si yo fuera capaz de verlo todo en su forma atómica. ¡Qué espectáculo! Ver todo el universo, tal como lo conocemos, como una forma de energía, como un lugar en el que todo está en interacción con todo y todo tiene su lugar y sus reacciones y resonancias.»[28]

Todos somos parte del Todo, parte de Dios. Cuando Mellen se detuvo en el vacío, tuvo la sensación de que tenía consciencia, incluso antes de ser ésta creada. Todos tenemos nuestro origen en esta fuente eterna del ser. Aquí se descubre el secreto del vacío, lo que en el hinduismo se llama «nirvana». Este lugar es ser uno con Dios, ser la misma cosa que Dios, fusionarse con Dios. Todas las cosas están unidas las unas con las otras en una red cósmica de unidad orgánica. Todo en el universo visible o invisible remite a una presencia inmanente de Dios. Del vacío se propaga la luz luminosa como fuente u origen de todo ser. Nosotros, como seres humanos y todos los

28. Kenneth Ring y Evelyn Elsaesser-Valarino: *Im Angesicht des Lichts. Was wir aus Nah-Tod-Erfahrungen für das leben gewinnen* (En presencia de la luz. Lo que podemos aprender de las experiencias cercanas a la muerte para nuestra vida); Múnich; p. 188 y siguientes.

demás seres vivos formamos un todo inseparable y al mismo tiempo nunca dejamos de estar unidos a Dios. Somos sus manifestaciones. Por eso somos los creadores de nuestra propia realidad mediante la fuerza de los pensamientos.

En otro ejemplo de Norman Paulsen, éste participa a través de una profunda meditación en un viaje al fin del universo. «Me dilato hasta formar una bola, me muevo con una increíble velocidad en todas direcciones al mismo tiempo... Ahora, por todas partes y envolviéndome completamente, me rodea la luz de la creación. Sí, tus imágenes flotan atravesándome, sistemas de estrellas, galaxias, universos. Existo en ellos y ellos en mí... Éxtasis, me siento más allá de los límites de cualquier cosa que he conocido.» [29]

También Paulsen reconoce que es parte de la vida eterna y de la consciencia. Regresa a su cuerpo y, al igual que Mellen, percibe el viaje justo al revés. En ambos casos, es sorprendente que la ampliación de la consciencia, hasta el punto en que esto es posible, abarque el universo total. Esto le puede parecer inconcebible a mucha gente, pero el destello divino que hay en cada uno de nosotros, nos muestra posibilidades ilimitadas. Todo es cuestión de la libre elección. En el centro de la luz, al ser uno con Dios y con todo el cosmos, queda contestada toda pregunta acerca de la vida: aquellas personas que regresan de esta experiencia cercana a la muerte definitiva son mensajeros que nos pueden volver a recordar lo que está enterrado en lo más profundo de nuestra alma. El conocimiento absoluto en el núcleo de todas las cosas es el amor. El amor y el conocimiento son lo único que podemos llevarnos de nuestra vida. Por último se plantea la pregunta de cómo podemos trasladar este conocimiento a nuestra realidad cotidiana. Nunca debemos olvidar que existe una razón para todo lo que ocurre, incluso aunque en el mundo físico se nos manifieste de una forma horrorosa.

También Beverly Brodsky tuvo una experiencia cercana a la muerte definitiva, y éstas son sus palabras sobre el encuentro con la luz central: «... recibí más que respuestas a mis preguntas. Todo el conocimiento se desplegó ante mí como el simultáneo y repentino

29. Kenneth Ring y Evelyn Elsaesser-Valarino, p. 294.

florecer de un número ilimitado de flores. Estaba lleno del conocimiento de Dios y en este valioso aspecto de su ser me hice uno con él. Pero mi viaje de exploración no estaba más que empezando. Me esperaba un viaje a través del universo. En un instante llegamos al centro en el que se originan las estrellas, explotaban supernovas y ocurrían muchos otros acontecimientos celestes a los que no podía dar nombre. La impresión que tengo hoy en día de este viaje es la sensación de que el universo es un objeto único y gigantesco que está formado él de la misma materia prima. El espacio y el tiempo son ilusiones que nos atan a nuestro plano; allí fuera todo es simultáneamente presente…». A continuación, Beverly dejó toda visión externa y todo lo que le rodeaba se desvaneció. «…, hasta un gran vacío total, en el que él y yo envolvimos todo lo que existe. Aquí experimenté con una indescriptible grandeza la comunidad con el ser de la luz. Entonces no sólo estaba lleno de todo conocimiento, sino también de todo el amor. Fue como si la luz se derramara dentro de mí y a través de mí. Yo era el objeto de veneración de Dios; y su/nuestro amor me regalaba vida y alegría más allá de lo imaginable. Mi ser se transformó. Mis ofuscaciones, pecados y culpabilidades me fueron perdonadas y purgadas sin que yo lo pidiera: en ese momento yo era amor, un ser original y felicidad. Y en un cierto sentido me quedé allí para siempre. Una unión como aquélla no podía deshacerse jamás. Existía siempre, existe siempre y existirá siempre.» [30]

El hecho de que una experiencia como ésta cambie la vida de forma radical es evidente. Beverly contempla en la actualidad la vida que le queda como una fantasía pasajera. Las Experiencias Cercanas a la Muerte definitivas ofrecen consuelo a todos aquellos que sufren tristeza o tienen miedo. No existe la muerte, y el amor es infinito. Somos parte de un todo perfecto. Pertenecemos a Dios y al revés, y regresamos varias veces al origen del ser en el vacío, la unión con Dios. Todos somos hijos de Dios que, en el fondo y dada la corta duración de nuestra estancia en el Tierra, sólo necesitamos aprender la lección del amor incondicional. Sólo a través del amor podemos crecer espiritual y anímicamente.

30. Kenneth Ring y Evelyn Elsaesser-Valarino, p. 300.

Capítulo 3

Visiones en el lecho de muerte

En este capítulo se hablará de:

- cómo se anuncia la muerte a los moribundos.
- las visiones de los moribundos en forma de encuentros con personas ya muertas o con espíritus.
- cómo se produce una frecuente mejoría en el estado de salud poco antes de la muerte.
- las percepciones de los niños moribundos.

✖Mensajeros de la muerte

Los auténticos mensajeros de la muerte son mundos de percepción transformados, es decir, ampliaciones de la consciencia en forma de fantasías de muerte, apariciones de ángeles, conversaciones de los moribundos con personas ya fallecidas, etc. El hombre de la sociedad actual tiende a interpretar estos acontecimientos como el resultado del colapso físico, durante el cual estas observaciones son entendidas como alucinaciones, confusión mental o bien como consecuencia del efecto de medicamentos fuertes.

Las apariciones en el lecho de muerte que ven los moribundos se suelen experimentar principalmente a manera de ayuda, como si fueran ayudantes que los acompañan durante el tránsito a otra forma del ser.

«Una paciente de unos cincuenta años que padecía del corazón era consciente de que estaba a punto de morir y se encontraba sumida en un estado anímico depresivo. De repente elevó los brazos y abrió mucho los ojos al tiempo que se le iluminó la cara como si estuviera viendo a alguien al que hacía largo tiempo que no veía. Dijo: "¡Ah, Cati, Cati!". La paciente regresó de una especie de estado de coma, parecía feliz y murió inmediatamente después de la alucinación. Había habido varias mujeres llamadas Cati en la familia de esta paciente: una hermanastra, una tía y una amiga. Todas habían muerto ya.»[31]

Las visiones de personas ya muertas suelen durar entre cinco y quince minutos, sucediendo la muerte entre una y seis horas después, es decir, dentro del mismo día en que se produce la visión.

Otro ejemplo típico de las apariciones de ayudantes en el momento del tránsito es el caso de una niña de once años que padecía una enfermedad del corazón congénita: «Su enfermedad había entrado una vez más en una fase crítica, cuando contó que había visto a su madre con un precioso vestido blanco y que además ésta tenía un vestido igual para ella. Estaba muy feliz, se reía y me pidió que la pusiera de pie y que la dejará ir con ella. Su madre la iba a llevar de viaje. La visión duró una media hora y trasladó a la niña a un estado de alegría y serenidad». Resulta inusitado el hecho de que esta niña no hubiera conocido jamás a su madre, pues murió en el parto. Y, sin embargo, la madre estaba presente en sus últimos momentos.[32]

Las visiones de los moribundos no sólo influyen positivamente en ellos, sino que también pueden hacer la vida más fácil a los pacientes. Las visiones en el lecho de muerte pueden aliviar tanto al paciente como a la familia, si se permite que se den libremente. Desde hace siglos han sido un componente natural del proceso de la muerte, hasta el momento en que ésta quedó desterrada a los hospitales.

Los pacientes que experimentan visiones de muerte son tratados, por miedo, con narcóticos y Valium. Ambas sustancias anulan la memoria inmediata y con ello todo recuerdo de cualquier posible visión o experiencia cercana a la muerte que pudiera tener el paciente en cuestión.

31. Osis y Haraldson: *Der Tod - ein neuer Anfang: Visionen und Erfahrungen an der Schwelle des Seins* (La muerte. Un nuevo comienzo: visiones y experiencias en el umbral del ser); segunda edición; Darmstadt, 1989; p. 93. Publicado en España como *Lo que vieron a la hora de la muerte*; Planeta-De Agostini, 2003.
32. Osis y Haraldson, p. 97.

La práctica de uso corriente en los grandes hospitales no es, por desgracia, contemplar las visiones como una forma de liberación, sino como un problema médico que requiere tratamiento. Pero dichas visiones podrían ayudarnos a escuchar al paciente, con lo que podríamos encontrar nuevos caminos para acompañarlos en estas horas críticas. Cuando se han agotado todas las posibilidades médicas, queda la certeza de que *sabemos* cuándo morimos. El conocimiento de las visiones en el lecho de muerte puede contribuir a permitir que el moribundo deje este mundo con dignidad.

Los avisos de la muerte, el misterio de esta manifestación entendida como orientación para nuestra propia vida, y absolutamente todas las expresiones vitales metafóricas no se toman en cuenta o como mucho son consideradas simples tonterías. Sin embargo, son los acontecimientos más significativos que se producen en el lecho de muerte. Pero es evidente que no los podemos oír si, justo en el momento en que aparecen, estamos demasiado ocupados en pedir una camilla ultramoderna o en lavar al enfermo en trance de muerte dos veces al día.»[33]

Puesto que la medicina ignora que el proceso de la muerte contiene siempre visiones y presentimientos de ésta, no se preocupa por desplegar, junto con las técnicas médicas, los rituales adecuados que ayudan a enfrentarse con la muerte que va llegando lentamente. El materialismo científico niega la existencia de presentimientos, experiencias cercanas a la muerte o visiones de muerte y dado que la ciencia no puede rebatir su existencia, lisa y llanamente las ignora. Las verdades universales, que se han transmitido a lo largo de los siglos, son para muchos experiencias aisladas, grotescas y locas. Se intenta convencer a los pacientes de que están teniendo malos sueños o alucinaciones, o se cataloga todo bajo la categoría de «pesadillas». Se supone que las personas que están en trance de muerte no tienen nada que comunicar a los vivos.

Melvin Morse escribe en su libro *Más cerca de la luz:* «Los rituales de la muerte han desaparecido de nuestra vida cotidiana. Se han olvi-

---

33. Regina Faerber: *Der verdrängte Tod.* (La muerte reprimida); Ginebra, 1995; p. 41 y siguiente.

dado las visiones de la muerte o se las ha catalogado de alucinaciones. La mentira de la compasión protege a todos contra lo inevitable. La medicina —capaz de sustituir órganos que dejan de funcionar por máquinas— hace mucho que ha reemplazado a la religión como llave que abre la puerta hacia la inmortalidad.»[34]

Y, para avanzar aún un paso más, se nos sugiere que dentro de pocos años podremos ser inmortales y permanecer en nuestro cuerpo gracias a los «frutos» de la tecnología de los genes. Mirándolo bien se trata de una visión horrorosa, si se tiene en cuenta que ya en la actualidad la sociedad sufre una vejez excesiva y que, por lo demás, se reduce exclusivamente al deseo de que algo así resultara factible. Una mirada a un manual cualquiera de biología que trate del ser humano nos demuestra que el ciclo eterno de la naturaleza no se puede cambiar, ni siquiera a pesar de muchas manipulaciones: El ser humano ha sido y sigue siendo mortal y es importante aceptar este hecho e integrarlo en nuestra vida. Eso nos ayudará a percibir mejor todo lo espiritual en el lecho de muerte.

✦ Contraseñas en el lecho de muerte

Lo que sucede en el lecho de muerte es universal e interculturalmente observable por cada uno de nosotros. Las llamadas «contraseñas» de las anteriores generaciones resultaban consoladoras y facilitaban la despedida, porque remitían a una vida después de la muerte. Aún hoy en día siguen siendo perceptibles, si realmente deseamos oírlas u observárlas.

Las visiones de muerte son experimentadas por los moribundos, con plena consciencia, como acontecimientos sumamente reales. Este fenómeno se presenta sobre todo en las personas que mueren

---

34. Melvin Morse y Paul Perry: *Zum licht. Was wir von Kindern lernen können, die dem Tode nahe waren)*; Múnich, 1994; p. 107. (*Hacia la luz: experiencias próximas a la muerte en los niños*; Edaf, 1991.)

lentamente. Unos días u horas antes de su muerte se presentan ante su ojo interno visiones de una vida paradisíaca después de la muerte. Se les aparecen parientes que han muerto antes que ellos y también se pueden producir fenómenos luminosos en forma de encuentros con Dios, Jesús o los ángeles.

Resultan sorprendentes los cambios repentinos e inexplicables de estado de ánimo en los moribundos. Con frecuencia sobreviene un estado de éxtasis, alegría o apacibilidad. En un estudio publicado por dos psiquiatras (Osis y Haraldson: *Lo que vieron a la hora de la muerte*) se han investigado más de mil casos pertenecientes a diferentes culturas (en Estados Unidos y como comparación en la India para asegurar los datos). Con frecuencia se presentan las mismas características: el paciente tiene pleno conocimiento, percibe su entorno y no se encuentra en un estado crepuscular. La experiencia es mucha veces extraordinariamente fuerte y causa un profundo efecto en el paciente, incluso a veces también en las personas presentes. La experiencia se presenta de forma totalmente inesperada (los pacientes se quedan sorprendidos con lo que les está sucediendo) y suele ser catalogada como médicamente inexplicable por el personal facultativo. Estas visiones no pueden ser entendidas ni desde un punto de vista médico, ni psicológico o cultural. Son independientes de la edad, la raza, el sexo, la educación, las condiciones sociales y la religión. Del análisis de todo el material se deduce que los moribundos nunca tienen visiones de personas que aún están vivas.

✦ Percepciones de los niños moribundos

Elisabeth Kübler-Ross, tras su trabajo de diez años con niños moribundos, llegó a la conclusión de que ni siquiera uno solo de estos niños veía a su padre o a su madre —que es lo que cabría esperar—, sino que siempre tenían visiones de personas ya muertas o de seres inmateriales.

A este respecto vienen muy bien dos ejemplos de Elisabeth Kübler-Ross de su libro, *Los niños y la muerte*: «Una niña que casi muere durante una operación muy grave de corazón, le contó a su padre que la había acogido un hermano con el que se había sentido muy a gusto. Había sido como si se hubieran conocido de siempre y hubieran pasado su vida juntos. Pero esta niña nunca había tenido un hermano. Su padre estaba muy conmovido por el relato de su hija y contó que esta niña estuvo a punto de tener un hermano, pero que el bebé murió durante el parto». Otra cita del mismo libro dice: «Una india que había sido atropellada en la autopista por un conductor que se dio a la fuga, y que murió al poco tiempo del suceso, fue socorrida por un extraño que paró el coche para ayudarla. Éste le preguntó si podía hacer algo por ella,... pero luego se esforzó por recordar y expresó la siguiente petición: "Cuando esté cerca de la reserva india, dígale a mi madre que estoy bien; de hecho, me encuentro muy feliz, porque estoy con mi padre". Poco después la joven murió. El buen samaritano hizo un largo viaje para llegar a la reserva india. Allí la madre de la víctima le contó que su marido había muerto una hora antes de producirse el accidente a causa de un fallo cardíaco ¡a una distancia de mil kilómetros del lugar de dicho accidente! ¿Se trata de una casualidad? Yo creo que no».[35]

35. Elisabeth Kübler-Ross: *Kinder und Tod*; Zúrich, 1984, p. 235 y siguiente. (*Los niños y la muerte*; Luciérnaga, 1999.)

Capítulo 4

Experiencias «infernales»

En este capítulo se hablará de:

- qué es una experiencia «infernal» y de cómo se produce este estado.
- las visiones del infierno como una manera de encontrarse con el propio miedo.
- que los lugares y dimensiones del infierno son construcciones mentales propias del individuo.
- las tres subdivisiones de las experiencias de muerte desagradables.
- cómo al principio las experiencias negativas suelen presentarse como encuentros luminosos positivos.

✷ ¿Qué es una experiencia «infernal»?

Además de las universalmente conocidas experiencias cercanas a la muerte, existen también de vez en cuando experiencias extracorporales que llevan al ámbito oscuro, lúgubre y demoníaco del Más Allá.

Raymond Moody describe en su segundo libro, *Reflexiones sobre vida después de la vida*, experiencias de espíritus errantes, que no conseguían marcharse de la Tierra.

Una mujer, que para su gran desconcierto vio estos espíritus, le dijo a Moody lo siguiente: «...Pero cuando pasé por delante, se trataba de una zona... totalmente lo contrario de la claridad luminosa de antes. Por su apariencia, estas figuras eran mucho más humanas que ninguna otra, dentro de este tipo, en la que se pudiera pensar. Tenían la cabeza muy hundida. Los rasgos de la cara denotaban gran tristeza y desesperación. Daba la impresión de que se movían arrastrándose, como si fueran un grupo de presidiarios atados a una cadena. Parecían cautivos en los pensamientos de "Todo ha pasado. ¿Qué puedo hacer ahora? ¿Qué sentido tiene todo?". En su comportamiento se reflejaba esta absoluta y deprimente desesperación, sin tener la más remota idea de lo que debían hacer o a dónde debían ir, de quién eran o sobre cuál era su función allí. No parecían tener consciencia de nada, ni del mundo físico ni del mundo espiritual. Daba la impresión de que se colocaban en algún lugar en medio de ambos, y no estaban ni en un mundo ni en otro. Era como si se situaran en un nivel intermedio».[36]

Angi Fenimore presenta una muy detallada experiencia «infernal» ocurrida como consecuencia de un intento de suicidio. En lugar de la esperada experiencia luminosa «... todo estaba oscuro, como si me encontrara flotando en el universo y no brillara ninguna estrella. La oscuridad se extendía en todas direcciones y daba toda la impresión de no tener fin, pero no sólo era negra, sino que también estaba vacía, sin luz. Me daba cuenta de que tenía su propia vida y su propio propósito. Me rodeó por completo. Esta oscuridad tenía vida y poseía una especie de inteligencia, que era absolutamente negativa, sí, mala. Me absorbió, me obligó a reaccionar y después transformó mi reacción en miedo y espanto. En mi vida nunca había tenido que soportar dolores y desesperaciones tan grandes, que apenas me dejaban libertad de acción, pero la opresiva angustia de este aislamiento era inimaginable. ¿Qué era este lugar? Sabía que estaba en el ámbito del infierno».[37] Pero al final, a través de la oscura niebla divisó una luz que brillaba y después tuvo un intenso encuentro con Dios y Jesús. Fenimore llegó a la conclusión de que el infierno es una determinada dimensión, pero sobre todo es un estado mental. Siempre se trata del propio infierno interno que nos creamos a nosotros mismos y que posiblemente recreamos tras la muerte. Puesto que la muerte es sólo un tránsito y con frecuencia no somos conscientes del poder de nuestros pensamientos, la experiencia del Más Allá se basará sobre todo en constatar que lo que pensamos se manifiesta de inmediato.

George Ritchie, psiquiatra norteamericano que pasó por una experiencia de muerte en 1943, y que fue quien impulsó a Raymond Moody a que empezara sus estudios sobre la vida después de la muerte, habló en su informe *Return From Tomorrow* (Regreso del

---

36. Raymond Moody: *Nachgedanken über das Leben ncah dem Tod*; Hamburgo, 1987; p. 34 y siguientes. (*Reflexiones sobre la vida después de la vida*; Edaf, 1981.)
37. Angi Fenimore: *Jenseits der Finsternis* (Más allá de la oscuridad; Múnich, 1996; pp.125-134).

mañana) sobre las experiencias «infernales». Describe dimensiones del infierno muy diferentes. Además del verse atado al mundo terrenal, había otras formas de cadena: «Aquí no había ninguna cosa o ningún hombre hechos de una sustancia sólida que pudiera encarcelar el alma. Estas criaturas parecían estar atadas al uso de los sentidos y las sensaciones, al odio, al placer y a los pensamientos, y a las ideas destructivas. Todo aquello en lo que se pudiera pensar, igual daba si era de forma fugaz o involuntaria, de inmediato le rodeaba a uno, visible a todos, más evidente que expresado por ninguna posible palabra, con más rapidez de la que tiene el sonido».[38] No obstante, Ritchie echa una ojeada a estas figuras luminosas desgraciadas, y constata que estos seres están permanentemente presentes en la vida. Aquellos espiritualmente separados de Dios permanecen muertos mientras no sean capaces de encontrar dentro de sí mismos un punto en el que despertar. Ritchie afirma:

«Y, de repente, me di cuenta de que había una explicación común a todas las escenas que había visto hasta entonces. Se trataba del hecho de no poder reconocer a Jesús. Tanto si consistía en un deseo físico, un deseo terrenal o una abstracción dentro de uno mismo —daba igual lo que provocaba la marcha hacia su luz—, esto mismo era lo que producía el aislamiento en el que entrábamos al morir.»[39]

✡ Encuentro con el propio miedo

Algo hay que induce a suponer que esta experiencia negativa que se produce durante el tránsito del túnel, en cuyo final está la luz, representa el encuentro con el propio miedo. Durante este viaje, la gente atraviesa los llamados «paisajes del infierno», se encuentra con

38. George Ritchie y Elisabeth Sherrill: *Rückkehr von Morgen* (Regreso del mañana); Marburg, 1980; p. 50.
39. George Ritchie y Elisabeth Sherrill, p. 52.

demonios o con el maligno, el diablo, Satán. Ve seres ante sí, en aquella oscuridad, que parecen vegetar. El viaje extracorporal del alma a través del túnel puede simbolizar la prueba más alta: la experiencia de un sufrimiento físico y emocional que parece no tener fin. El individuo sufre tormentos inimaginables que en este punto son la única realidad. Sólo cuando *se acepta la situación por completo*, el alma habrá experimentado el infierno y el viaje puede continuar.

El infierno no es otra cosa que un estadio de tránsito, de paso en el ciclo de la muerte y el renacimiento. Los elementos de cautiverio, presión extrema, terrible suplicio, oscuridad y miedo a la muerte se corresponden con las características más importantes del nacimiento biológico. Los conceptos fundamentales de la humanidad sobre la vida después de la muerte en los distintos grupos étnicos y religiosos, en relación con el concepto de un Más Allá entendido como cielo o infierno, son los mismos en todas partes.

La moderna investigación sobre la consciencia ha descubierto —a través de procedimientos tales como las reuniones psicodélicas, la respiración holotrópica o también las visiones espontáneas y las ampliaciones de la consciencia— que las experiencias extáticas e «infernales» o bien son de naturaleza totalmente abstracta o muestran imágenes concretas del cielo y el infierno. Esto queda confirmado por las experiencias cercanas a la muerte. Cada vez más personas hablan de imágenes arquetípicas de paisajes celestiales, ciudades de luz o jardines llenos de luz, etc., pero también de experiencias que se sienten como negativas, demoníacas, de vacío, del maligno...

La psicóloga norteamericana Edith Fiore, que trabaja como terapeuta de la regresión y que se ha dedicado al tema especial de la «Obsesión por los espíritus» en un trabajo de varios decenios, explica que la mayoría de las experiencias de muerte de las que se acuerdan sus pacientes hipnotizados fueron generalmente positivas y contenían un encuentro con la luz. Pero al mismo tiempo encontró también experiencias negativas: «Otras eran distintas. En lugar de un tránsito suave de un mundo a otro, había quien recordaba haber huido lleno de miedo de la luz o haberse apartado de los diferentes parientes (en forma de espíritus) o mentores. Muchos no eran conscientes de su muerte, porque se sentían vivos, y estaban totalmente desconcertados o asustados, al darse cuenta de que los vivos no lo percibían así. Estos individuos permanecían unidos a la Tierra —unidos al plano físico—, a pesar de estar muertos.»[40]

Las razones más poderosas para permanecer aferrados a la Tierra son la ignorancia, el miedo, la fuerte ligazón a personas y lugares, la dependencia en cualquiera de sus formas o también la existencia de asuntos inacabados o de deseos de venganza.

Parece que todos los espíritus acaban por entrar en la luz, incluso aunque hayan permanecido unidos al plano físico durante décadas. Con esto se demuestra otra vez que el infierno es un estado de consciencia y que nosotros mismos somos nuestros peores enemigos. Incluso después de la muerte hay algunos que no nos sueltan. En los casos de suicidio se ha comprobado que muchos suicidas se quedan en forma de seres inanimados y que con frecuencia se sienten tan deprimidos como antes de su muerte, hasta que son rescatados por los ayudantes de los espíritus u ocupan el cuerpo de algún vivo desprevenido . No obstante, hay casos de suicidas que entraron en la luz de inmediato.

✡ Construcciones mentales

«Cuando tomamos la decisión de vivir en la oscuridad», escribe la famosa médium inglesa Rosemary Altea, «en la Tierra o después de haber muerto, cuando aceptamos que la luz se vaya debilitando, entonces somos nosotros los que voluntariamente buscamos un lugar oscuro. Somos nosotros los que en cualquier caso elegimos. Con esto quiero decir que no existe ningún fuego infernal aparte de aquél que nosotros nos preparamos a nosotros mismos.» [41]

40. Edith Fiore: *Besessenheit und Heilung. Die Befreiung der Seele*; Güllesheim, 1997; p. 42. (*La posesión: liberándose de espíritus dañinos*; Edaf, 1988.)
41. James Redfield y Carol Adrienne: *Das Handbuch der zehnten Prophezeihung von Celestine*; Múnich, 1997; p. 211. (*Manual de la décima revelación*; Plaza y Janés Editores, 1997.)

Los lugares o las dimensiones del infierno que observan las almas viajeras no son más que construcciones mentales de aquellas almas que en el transcurso de su existencia en la Tierra se han identificado fuertemente con su obsesión por el control y sus malas costumbres, con el fin así de eliminar el misterio y la incertidumbre que caracteriza la vida. Por lo tanto, no resucitan tras la muerte, porque no pueden ver la luz o son incapaces de soportarla, dado que las identificaciones terrenales son demasiado poderosas. A través de sus pensamientos construyen ilusiones realmente efectivas para seguir conservando su entorno acostumbrado en el Más Allá. Es una reacción para conservar el miedo ante la pérdida del control del entorno habitual. Debido a los desafíos de la vida terrenal, siempre aparecen modos de comportamiento rutinarios. Al mismo tiempo, cuando se ha llegado ya al final, nunca deja de manifestarse el miedo contenido. En estas crisis existenciales se ofrece la posibilidad de resucitar y de crecer espiritual y anímicamente a través de la confianza en Dios, o también volver a deslizarse en el viejo mecanismo y buscar nuevas distracciones. Se trata de reconocer que el origen de todo lo malo es el miedo humano, que permanentemente produce las formas de comportamiento más extravagantes y criminales con el fin de reprimir o expulsar este miedo de uno mismo. A esto se suma el hecho de que estamos acostumbrados a proyectar todo lo malo en un poder situado fuera de nosotros: sea Satán, el diablo o Lucifer. En realidad, este poder sólo existe dentro de nosotros mismos. Así pues, si en estados de consciencia alterados o en experiencias cercanas a la muerte nos encontramos con estos ámbitos oscuros del alma humana, que sin embargo son construcciones mentales, la aparición de demonios o diablos implicará continuamente un encuentro con el miedo. Por su parte, el infierno como estado de consciencia es siempre un estadio de transición para acceder a un conocimiento superior de lo divino. En el punto más profundo del miedo a la tortura «eterna» se pone a prueba la confianza en Dios del individuo. ¡Se trata de una libre decisión a favor o en contra del amor!

Por lo tanto, hay dos clases de alma: «Las unas han resucitado y se encuentran motivadas por el amor, las otras han sido arrastradas por el miedo y se han quedado detenidas en violentos estados de trance de todo tipo. Pero tampoco se debe denegar su valor y su humanidad a las almas miedosas. No son demonios o diablos, sino almas que están efectuando un lento proceso de crecimiento, exactamente igual que nosotros.»[42]

✪ Tres categorías de las experiencias «infernales»

La International Association for Near Death Studies (Asociación Internacional para el Estudio de las experiencias cercanas a la muerte) divide las desagradables experiencias «infernales» en tres categorías:

1. Categorías que parecen positivas, pero que son interpretadas de otra manera por las personas que pasan por la experiencia en cuestión. Temen perder el control de sí mismos.
2. La sensación de vacío, de estar atrapado en la nada, fomenta los sentimientos de abandono y de desesperación, así como de no existencia.
3. El grupo de los que ven cosas desagradables y las identifican, y a las que designan como el infierno.

El primer grupo convierte en buena una experiencia en un principio negativa, en tanto en cuanto es posible aceptar la situación. Esto queda muy claro en el siguiente ejemplo: «Debido a las complicaciones surgidas tras el parto de su tercer hijo, a una secretaria le pusieron anestesia para evitar los fuertes dolores. "De repente me sacaron de mi cuerpo", cuenta. "Desde el techo de la habitación vi a un médico y a una enfermera ocupándose de mi cuerpo. Después sentí que me deslizaba cada vez más rápido por un túnel. Al entrar en él escuché el ruido de unas máquinas y después voces de personas que conocía. Puesto que me entró un miedo terrible, no me atreví a acercarme más

42. James Redfield: *Die zehnte Prophezeiung von Celestine*; Múnich, 1996; p. 174. (*La décima revelación*; Plaza y Janés Editores, 1998.)

a ellas. Me moví hacia un foco de luz que estaba situado al final de dicho túnel. Sabía que estaba allí para morirme y decidí —sin que esto me sirviera de nada— no seguir adelante. La luz explotó a mi alrededor. Me asusté terriblemente. Me rodeaban unos seres que se habían dado cuenta de mi llegada. Me contemplaron divertidos sin tomar en cuenta mi turbación.

Pero de pronto mi estado de ánimo entró en una profunda paz. Me sometí, pues, a este inquietante experimento y fui aceptada. Dio comienzo un juego de preguntas y respuestas, en el que yo hacía las preguntas y aquellos seres me respondían. Al final me indicaron que debía volver a mi cuerpo. Después desperté de nuevo en el hospital.»[43]

Lo que es decisivo en esta experiencia es el hecho de haber podido aceptar la situación experimentada. Según las enseñanzas del *Libro tibetano de los muertos*, el estado llamado «bardo» está lleno de aquello que nos es importante en la vida, pero sobre todo de aquello a lo que tememos. Esto conforma el material experimental del estado intermedio entre muerte y renacimiento.

Nos movemos hacia la muerte a través de planos de energía cada vez más finos hasta llegar al plano puramente espiritual. Lo que experimentamos y lo que sentimos aquí depende de la capacidad de aprendizaje de la consciencia afectada. En último lugar, en la muerte queda atado el estado efectivo momentáneo de la consciencia. En la medida en que nos hemos desarrollado espiritualmente en la vida, estaremos en condiciones de enfrentarnos a los estados posteriores a la muerte.

En general, lo importante es concluir la vida en paz con uno mismo, libre de emociones negativas y de las miedosas sujeciones a la existencia terrenal, y sobre todo aprender a amar.

La segunda categoría de experiencias cercanas a la muerte negativas se experimenta de forma mucho más alarmante. Desde la sensación de un vacío absoluto hasta sugestiones de que la vida no ha exis-

---

43. Esotera 5/98, p. 19 y siguientes.

tido nunca. Bruce Greyson y Nancy Evans han comprobado, en un estudio que realizaron basándose en cincuenta casos de experiencias cercanas a la muerte negativas, que tales imaginaciones extremas ocurren en la mayoría de los casos durante los partos difíciles, bajo los efectos de narcóticos.

La secretaria sigue contando: «... Vi con absoluta claridad que abandonaba el mundo debajo de mí y que me lanzaba al espacio como un astronauta sin cápsula. Me movía rápidamente hacia la oscuridad. A mí derecha había un espacio oscuro, a mi izquierda grupos de círculos negros y blancos. Se burlaban de mí maliciosamente y se reían mofándose de mi persona: "Tu vida no ha existido nunca. Se te permitió que te imaginaras que sí. Nunca ha existido ninguna otra cosa que la Nada. Todo ha sido únicamente una broma. Todo lo que ha habido y lo que habrá no es más que esta desesperación". (La mujer de 28 años pasa por un terror cósmico que nosotros no somos capaces de imaginar.) Nunca habría supuesto que el infierno fuera así. Igual da cuándo muera; lo único que espera afuera es la perdición».

Este ejemplo citado muestra la confrontación de la mujer con sus miedos y temores internos. El aferrarse a estas imaginaciones —como hija de un sacerdote que era— muestra claramente el hecho de que los pensamientos que la dominaban en el momento de realizar el tránsito la llevaron a este «terror cósmico». A ello se suma el factor estresante de un parto problemático y traumático. Las características personales pueden influir en la situación hormonal (liberación de las endorfinas endógenas).

El doctor Schröter-Kunhardt, director de la filial alemana de la IANDS (International Association for Near Death Studies), afirma que de un total de tres mil personas, una de cada cinco había tenido una ECM, es decir, unos seiscientos (más o menos un 18 %) y lo explica como sigue: «Nuestro cerebro se niega a introducirse en extremos positivos o negativos y a hacer este tipo de experiencias. Esto se ve por ejemplo en los casos de fuertes dolores o estrés agudo —durante los cuales es frecuente que se dé una experiencia cercana a la muerte—, en los que se produce una especie de «contrarregulación» del cerebro a través de la liberación de endorfinas y de cannabis natural. Por el contrario, en las experiencias cercanas a la muerte negativas no se produce este equilibrio, que posiblemente se ve impedido por los miedos y temores excesivos que acosan al individuo».[44]

Esto vale como precavida explicación orgánico-cerebral, aunque los expertos no están en absoluto de acuerdo sobre la citada frecuencia. La frecuencia con la que se producen experiencias cercanas a la muerte negativas oscila entre ¡un 1 % y algo más de un 30 %! Además, Schröter-Kunhardt afirma que en los afectados negativamente muchas veces la acción de bajar un túnel se ve acompañada por un temor y un pánico extremos. Así hace la caracterización negativa: «Sufren de terribles torturas anímicas, informan de silencios mortificantes, sensaciones de abandono, un frío intenso, sonidos atormentadores, gritos, amenazas, seres inanimados como si fueran zombis o apariciones amenazantes que hacen temer acciones violentas. Como escenario en el que se desarrolla todo esto habla de un entorno hostil, gris, árido, muerto y una luz atrayente que al ser alcanzada se transforma en oscuridad. También se describen persecuciones de diablos u otros seres espantosos. Con frecuencia los afectados tienen la sensación de encontrarse o bien al borde de un abismo —casi a punto de saltar al vacío— o en el centro de un torbellino. Además se habla de un enjuiciamiento negativo».

En último término, sin embargo, todos estos fenómenos no se pueden explicar *sólo* como algo orgánico-cerebral o dependiente del estrés. El hombre parece ser lo que piensa (lo que está en sus pensamientos). Incluso Schröter-Kunhardt está convencido de que el hombre tiene una parte de la psique independiente del espacio y del tiempo, que generalmente se denomina *alma inmortal* y que sigue viviendo después de la muerte. Puesto que las experiencias cercanas a la muerte son similares desde el punto de vista intercultural, tampoco se las puede tildar de simples alucinaciones, puesto que al final cada cual tiene que responder de su propia vida.

Greyson y Evans incluyen en el tercer apartado de categorías y como auténticas experiencias «infernales» sobre todo las experiencias de los suicidas: «Una muchacha de 26 años, que había intentado

44. Esotera 5/98, pp. 21-22.

suicidarse con una sobredosis de pastillas, relata lo siguiente: "Un médico se inclinó sobre mí y me explicó que me estaba muriendo. Los músculos se me contraían convulsivamente. Sentí que me deslizaba fuera de mi cuerpo como si estuviera en una pista de esquí. Hacía frío, estaba oscuro y había humedad. Llegué a una zona que parecía la entrada a una cueva. De ella colgaban telas de araña. Dentro, los colores que dominaban eran el gris y el marrón. Se oían lloros, quejidos, lamentos y el rechinar de unos dientes. Vi una serie de criaturas con forma humana grotescas y horrorosas. Parecían torturadas y sus voces sonaban como si estuvieran en agonía y sometidas a tormento. Nadie me habló. Yo no entré en la cueva, sólo me quedé de pie en la entrada, aterrorizada. Lo último que recuerdo es que intenté apartar mi espíritu de aquella cueva"».

✦ Purificación

Los iniciados en la materia con mucha frecuencia no quieren admitir que han pasado por experiencias que infunden miedo, porque los demás podrían llegar a pensar que se las tenían muy bien merecidas. En una reunión de personas que habían tenido experiencias cercanas a la muerte, una enfermera describe la atormentadora vivencia de uno de sus pacientes. El hecho de que no se debe en ningún caso juzgar a aquellas personas que pasan por una ECM negativa —y más dado que sabemos muy poco sobre ellas— lo demuestra el mirar la mitología: sólo el auténtico héroe pudo descender a los infiernos a buscar el tesoro del conocimiento, entendido de forma simbólica. «El paciente estaba convencido de que había arañas y serpientes que subían arrastrándose por las paredes y que unas manos negras le aguardaban para trasladarle al infierno.» [45]

---

45. Malley Cox-Chapman: *Begegnungen im Himmel. Beweise fur ein leben nach dem Tod* (Encuentros en el cielo. Pruebas de la existencia de la vida tras la muerte); Berlín, 1997; p. 72.

No está comprobado que la probabilidad de sufrir una experiencia cercana a la muerte negativa sea mayor en los intentos de suicidio. Mientras Raymond Moody mantiene esta tesis, Kenneth Ring, el director del International Studies for New Death Experience americano sostiene que ésta es una afirmación propia de los cristianos fundamentalistas. Ya en 1981 realizó un estudio sobre personas que habían intentado suicidarse, la mayoría de las cuales habían vivido experiencias positivas. Y en él plantea además la duda de si —tal como supone Schröter-Kunhardt— en los casos de suicidio están presentes más o menos características negativas de la personalidad del sujeto en cuestión. Tras el análisis de las diferentes experiencias cercanas a la muerte negativas, parece claro que las razones de esta vivencia se encuentran más en el entorno individual de los afectados que en ningún otro sitio, es decir, que son producto de sus pensamientos.

Por lo general, una ECM trae como consecuencia un desarrollo totalmente positivo, una especie de «rectificación de la trayectoria vital», rectificación del hasta entonces descuidado carácter. Por su parte, las experiencias negativas también provocan reacciones positivas a manera de una purificación.

Howard Storm, un profesor norteamericano de Bellas Artes, sufrió durante una estancia en París una grave perforación de estómago, por lo que fue sometido con urgencia a una seria operación. «Unos demonios me arrastraban por unos largos pasillos y empezaron a torturarme y a golpearme», contaba Storm. «Al final me hallaba en el suelo, lleno de suciedad, y me oí a mí mismo diciendo "¡Rogadle a Dios!", a lo que los demonios respondieron retrocediendo lentamente.» Durante mucho tiempo este profesor de universidad, hasta entonces materialista, racional y ateo, no pudo hablar con nadie sobre lo sucedido. Expresó su experiencia en forma de esculturas. Pero acabó cambiando su vida por completo. El hasta aquel momento ateo abandonó su carrera de profesor y hoy es el sacerdote de una parroquia de Cincinatti.[46]

Dejemos que esta historia responda por sí misma, pero con seguridad no puede haber muchas conversiones más drásticas que

46. Esotera 5/98, p. 22.

ésta. Queda, pues, demostrado que una experiencia de muerte negativa puede conseguir la purificación del afectado. Por último, una ECM puede llevar también a una apertura espiritual.

Según Stanislav Grof, el padre de la psicología transpersonal y de la investigación de la consciencia, una característica esencial del infierno es la sensación de callejón sin salida. El alma se halla ante una curiosa paradoja: sólo cuando se acepte la penosa situación del infierno eterno, podrá empezar el viaje al Más Allá.

En las narraciones de los santos y los místicos de la Edad Media se habla una y otra vez sobre el descenso del alma a los infiernos, lo que Teresa de Jesús veía como un proceso de purificación de dicha alma. Los iniciados de la Edad Media dividían básicamente el viaje de su alma en experiencias «infernales» y celestiales. Lo esencial era que hicieran patentes sus yerros y el destino al que éstos les conducían.

Igualmente hoy en día las experiencias «infernales» que suponen el encuentro con el propio miedo, son un lugar de tránsito de la consciencia hacia la luz.

✿ Cómo ven los cristianos fundamentalistas las experiencias «infernales»

También en las experiencias cercanas a la muerte actuales existen vivencias de arañas y serpientes que suben arrastrándose por la pared y de manos negras que le agarran a uno para transportarle al infierno. Esto recuerda al antiguo «Ars moriendi» de nuestra cultura. En los libros que hablan sobre la experiencia de morir se describen los ataques de Satán o las tentaciones de los poderes malignos para desviar al alma de su camino al cielo. Se nombran cinco ataques del Maligno: la debilidad de la fe, la desesperación y los atormentadores remordimientos de conciencia, la impaciencia y la irritabilidad producidos por aflicciones, arrogancia, vanidad y orgullo, la codicia y otros deseos mundanos. Tras cada uno de estos conceptos no se esconde nada más que el miedo: el miedo a fracasar, el miedo ante la propia responsabilidad, el miedo a ser juzgados porque uno se ha pasado la vida precisamente juzgando y, por último, el miedo al amor. La flor más abstrusa de este miedo de uno mismo, del infierno, de la condenación eterna, la encontré en un libro de un cristiano fundamentalista llamado Maurice S. Rawlings titulado *To Hell and Back* (Ida y vuelta al infierno) que no sólo intenta vehementemente demostrar que el infierno es una sólida parte integrante del Más Allá, sino que además trata de dar una nueva interpretación a las interculturales experiencias cercanas a la muerte positivas.

¿Qué significa la luz al final del túnel? Muchos investigadores que trabajan con el alma piensan que esta luz encarna una fuerza universal compasiva de amor incondicional hacia todos los moribundos, igual da si son creyentes o no; una fuerza en la que no se encuentra absolutamente nada negativo. Sin embargo, la mayoría de los teólogos cristianos mantienen opiniones enfrentadas a este respecto. Afirman que esta «luz compasiva» puede ser en realidad el propio Satán o uno de sus ángeles que se hace pasar por un «ángel de luz» o por «servidor de la justicia» (Corintios, 11,14-15), para de este modo conseguir seducir a muchos.[47]

Así pues, su pregunta principal es si morir no comporta peligro, si es seguro. Con semejante polémica contra todos aquellos que no entienden la Biblia literalmente y al pie de la letra, lo único que se consigue de cara al lector es infundirle miedo y espanto. Las modernas investigaciones sobre la consciencia han demostrado que las experiencias de cielo e infierno tienen lugar, de hecho, tal como lo hacen al morir. El carácter efímero de la existencia, la ubicuidad de la muerte y la vanidad de las ambiciones mundanas queda claramente demostrado a través de las observaciones de la terapia psicodélica o de otras psicoterapias orientadas a este tipo de experiencias: el encuentro con este horrible aspecto de la existencia humana puede conducir a una apertura espiritual. Esta expectativa se halla dentro de todas las

47. Maurice S. Rawlings: *Zur Hölle und zurück. Leben nach dem Tod - iíberraschende neue Beweise* (Ida y vuelta al infierno. Vida después de la muerte, sorprendentes nuevas pruebas); Hamburgo, 1996; p. 49 y siguiente.

experiencias cercanas a la muerte. El encuentro con las tinieblas, con el maligno, con los propios demonios, purifica a aquellos que pasan por la experiencia exactamente igual que el encuentro con el amor incondicional de la luz. Estas vivencias enseñan el verdadero sentido de la existencia humana: crecer espiritualmente y aprender a amar. En este sentido ha de entenderse el mensaje de Jesús de Nazaret, que queda claramente expresado en sus palabras: «¡Ama a tu prójimo como a ti mismo!». Esto no significa otra cosa que reconocer y hacer desaparecer los propios miedos y las opresiones de la culpa para aprender a amar.

Es fundamental observar, en lo referente a las experiencias «infernales», que se trata de una vivencia subjetiva del difunto o de la persona clínicamente muerta. Con frecuencia no se remarca suficientemente la relación existente entre lo que pensamos y lo que experimentamos. También en vida los pensamientos dan forma a nuestra realidad, aunque muchas veces no seamos capaces de reconocer esta relación a consecuencia del distanciamiento en el tiempo y el espacio. Sin embargo, tras la muerte, nuestros pensamientos se manifiestan directa e inmediatamente. Siempre nos vemos adecuadamente confrontados con la consciencia que hemos alcanzado en el momento del tránsito de este mundo al Más Allá. No existe ningún infierno entendido como lugar de eterna condena, sino como estado de consciencia. Cuando una persona muere, su vida tras la muerte está determinada por los modelos de creencia que tuviera a lo largo de su vida anterior. A esto hay que añadir que tras la muerte sigue existiendo la libre voluntad. El infierno es siempre una experiencia de paso, porque nadie puede elegir esta experiencia o realidad para siempre. Nadie se crea para sí mismo un lugar permanente de desgracia o sufrimiento.

Las descripciones de paisajes desiertos, de un vacío y una soledad interminable, de demonios y diablos o de constantes coacciones son totalmente ciertas, pero se corresponden con la realidad subjetiva del difunto. Con sólo una decisión consciente, esta vida puede cambiar, porque continuamente están presentes seres espirituales llenos de amor, dispuestos a ayudar. Todo esto se encuentra en las narraciones aquí expuestas de las personas que han pasado por una experiencia cercana a la muerte.

Capítulo 5

Recordar

En este capítulo se hablará de:

- la pérdida del miedo a la muerte.
- un contexto significativo espiritual más amplio.
- volver a encontrar una verdad olvidada.
- el encuentro con el miedo a la extinción, y cómo se puede hacer desaparecer.

✵ Perder el miedo a la muerte

La transformación más importante, incluso fundamental, tras una experiencia cercana a la muerte, se produce en la personalidad del afectado. Todo lo sucedido hasta entonces pierde sentido y la personalidad se transforma, trasciende. Gracias a la gran cantidad de conocimientos se origina una orientación totalmente nueva. Las personas que han pasado por una de estas experiencias desarrollan un profundo respeto por la unicidad de todos los seres vivos.

De la misma manera se transforman las actitudes vitales más importantes y los valores éticos. La vida que antes parecía impenetrable y peligrosa, y cuyo final no era otro que la negra muerte, se llena ahora de un sentido y una alegría inmensos. La muerte deja de asustar y gracias al nuevo contexto significativo espiritual más amplio que se acaba de adquirir a través de la ECM, el afectado comprende su misión personal en la vida, con lo que ésta adquiere un profundo sentido.

Y esto se reconoce con independencia del sufrimiento o las situaciones de necesidad que puedan darse. Este reconocimiento hace libres a los hombres en la medida en que éstos son capaces de reconocer también el sentido superior de la vida o a Dios. Ésa es la razón original de todas las enseñanzas espirituales de la vida.

Por lo general, una ECM dura unos pocos minutos. Entonces, ¿por qué son tan radicales las transformaciones de la personalidad?

Esta pregunta lleva a la esencia más interna de la experiencia cercana a la muerte.

✵ Contexto significativo espiritual más amplio

A través del encuentro con la luz, con Dios, el afectado recuerda algo que en realidad sabía desde siempre, se trata del reencuentro de una verdad olvidada. Este reconocimiento de la fuente original y más pura de los anhelos humanos es al tiempo la causa primera y la finalidad de toda aspiración. El recuerdo de esta verdad olvidada conduce, durante el poco tiempo que dura la ECM, a un «efecto cósmico del "ya entiendo"» que queda probado por los sorprendentes cambios de la personalidad acaecidos tras una experiencia de este tipo.

Las personas que pasan por una ECM reconocen la libre elección que el hombre tiene en cada momento de su vida, ¡siempre en el aquí y el ahora! Toda decisión tiene consecuencias y abre nuevos caminos. Ahora puede apoyarse directamente en el conocimiento que ha adquirido, o sea, en el estado de recogimiento en Dios y en la confianza en la vida resultante de tal estado. Cualquier psicoterapia seria necesitaría años para desvelar lo esencial. El afectado se alegra de sus errores, porque en el momento del reconocimiento, dichos errores —digámoslo así— desaparecen por sí mismos.

✵ Encuentro con el miedo

En las experiencias negativas (las visiones del infierno) se llega a sentimientos de sofocante desesperación. El mundo resulta ser una gran ilusión y la sensación de insignificancia del hombre crece enormemente. El peligro de la amenazante extinción de uno mismo, junto con el miedo a no querer morir, es lo que permite visualizar el infierno. Es significativo que esta experiencia sólo aparezca al principio de las ECM que no contienen la visión del túnel. Las experiencias «infernales» no son un elemento típico de una ECM; hay que entenderlas como una reacción a la «autoamenaza» del ser humano ante una situación incomprensible. Puesto que la persona que está cerca de la muerte se enfrenta a la posibilidad de la desaparición de todas las seguridades conquistadas hasta entonces, el miedo a perder la razón se convierte en una forma de resistencia contra la ECM.

Cuanto mayor es la resistencia contra el libre transcurso de la experiencia, más impresionantes serán las escenas de la consciencia que lucha por subsistir. Es el amenazante final del propio yo, que se expresa con desesperación a través de oscuras visiones.

El hombre es más de lo que el yo intenta sugerirle. El yo es el guardián de la identidad. Al mismo tiempo, es el yo el que nos protege de nuestras propias contradicciones, la primera y única protección de la locura. Así pues, no resulta sorprendente que las experiencias «infernales» aparezcan con menos frecuencia en el contexto de una ECM que en los casos de enfermedades psíquicas graves.

✵ Misterio de la muerte

En las experiencias psicóticas el infierno se hace realidad. Se vuelven patentes las debilidades del yo en su contradicción y su limitación. La persona deja de ser dueña de sí misma y pierde el contacto con su entorno, pero dado que no puede deshacerse de su ego, teme perder el entendimiento. Esto es para los hombres la mayor y peor de las amenazas. Así no sorprende nada que sea el entendimiento el que está en el centro del miedo a la muerte que sienten los seres humanos. La propia misión de aceptar tal como es la más terrible de las contingencias humanas (perder el entendimiento equivale a extinguirse) constituye la salvaguarda del misterio de la muerte.

En las experiencias cercanas a la muerte de las que hoy disponemos se puede ver claramente el siguiente concepto: si alguien se interna justo hasta el túnel (y luego vuelve a la vida), es que se enfrenta a sus propios miedos y traumas. Si la experiencia continúa y el afectado es capaz de deshacerse de su yo, experimentará una ECM extraordinariamente positiva. Habrá sobrepasado los límites de la prisión del yo que le bloqueaban gracias al conocimiento de ser ilimitado, de tener confianza y de darse cuenta de que no existe la extinción total. No es extraño, pues, que las personas que han pasado por una experiencia cercana a la muerte sean mucho más capaces de amar desinteresadamente que las que no lo han hecho.

He aquí la experiencia de Johann, que contiene el aspecto celestial y el infernal: «… de repente divisé el túnel. Reinaba un crepúsculo oscuro… después los vi —primero con imprecisión—, como una sombra sin forma definida… el miedo que sentía era insoportable. Tuve la impresión de que cuanto mayor era mi espanto, más claramente percibía aquellas horribles figuras. Temí haber perdido el entendimiento totalmente, así de desmesurado era el pánico al que me empujaban. Aquello era, pues, el infierno: estaba seguro. Las escenas que presenciaba era de una repugnancia tan obscena que me prometí a mí mismo no contárselas jamás a nadie. Sabía que estaba perdido. Me rendí y me abandoné al horror, a la espera de mi inminente destrucción (¿o quizá con la esperanza de que sucediera?). De pronto vi una luz clara que parecía proceder de una estrella lejana, que se iba haciendo progresivamente más luminosa y crecía de tamaño. Igual de inimaginables e indescriptibles que habían sido los horrores vividos, resultaba de fantástico e imposible de describir lo que acontecía después. De golpe, me reconocí a mí mismo. Comprendí. No había ninguna razón por la que tener miedo, y supe, de hecho, que no la había habido nunca. Como si hubiera encontrado dentro de mí una unión con algo divino, mi consciencia se dilató traspasando los límites habituales. Se me revelaron con un nuevo sentido significados y contextos que nunca había sospechado. Era volver a conocer… vi todo el plan… una consciencia nueva e ilimitada… ¡Estaba de vuelta en casa!»[48].

También en este caso se produce la confrontación con sus propios supuestos fundamentales. Para empezar, la amenaza de muerte

48. Engelbert J. Winkler: *Das Abendländische Totenbuch* (El libro de los muertos occidental); Hamburgo, 1996; p. 53 y siguientes.

hace que se resalte el engaño de sí mismo. La incertidumbre se despeja y el recuerdo del hogar largamente olvidado es la respuesta a todas las atormentantes preguntas. El limitado mundo del yo ya conquistado, que escondía tras de sí un contexto significativo espiritual más amplio, se manifiesta además únicamente en la certeza intuitiva —y con frecuencia melancólica— de un paraíso perdido.

La capacidad de permitir que se produzca un contacto interno con las realidades extrasensoriales es lo que se llama la «trascendencia del yo». Esta trascendencia implica siempre un traspaso de los propios límites, para conseguir que lo que era desacostumbrado que forme parte de la vida. Pero justamente esto es para mucha gente la verdadera amenaza. La trascendencia del yo significa, en último término, el atrevimiento de dejar que desaparezcan todas las posesiones para poder experimentar, en el acto de desprenderse de las cosas, su verdadera esencia.

Esta es, pues, la parte central de la experiencia cercana a la muerte que hace retornar a la persona que pasa por ella a su propia naturaleza de ser espiritual ilimitado. Desarrolla la *confianza* en la existencia del sentido que tiene el hombre. Esta confianza es así la causa última del potencial liberador de la ECM. A través de la confrontación con la propia mortalidad, nos damos cuenta de que el yo no se pierde en ella, sino que sale relanzado y se le abren nuevas perspectivas. El sufrimiento, la enfermedad y las limitaciones de todo tipo se entenderán como señales de un destino complaciente que hace referencia a la limitación característica de todo lo terreno.

La experiencia «infernal» muestra otra vez lo importantes que son nuestros pensamientos en el momento del tránsito: la muerte es una ampliación de la consciencia y, durante ella, experimentamos lo que pensamos. Si nos desprendemos del miedo y la esperada extinción del yo no tiene lugar, el Más Allá se presenta como un estado consciente de luz y amor.

Capítulo 6

Ideas sobre el Más Allá de las religiones mundiales

En este capítulo se hablará de:

- la necesidad de sentido del hombre.
- las experiencias ampliadoras de la consciencia que son la base de todas las religiones de la Historia.
- las religiones primitivas y de las religiones orientales: hinduismo y budismo.
- la diferencia con las religiones monoteístas.

Necesidad de sentido del hombre

Mucha gente sospecha que nuestra vida es algo más que la conciencia cotidiana: a través de su intuición, el hombre puede darse cuenta de que toda vida tiene un sentido más profundo. En este espacio cósmico interior que está *dentro* de todo hombre, aquello que catalogamos como destello divino remite a un contexto significativo espiritual más amplio.

Al entrar en contacto con nuestras propias dimensiones internas, la vida —en la medida de sus posibilidades— se muestra como mucho más accesible y valiosa que la consciencia diaria. Lo espiritual, lo místico, lo transcendente o sea cual sea el término que se busque para designar la necesidad de sentido, es parte integrante de la esencia del ser humano.

A lo largo de toda la historia del hombre, éste se ha ocupado de buscar respuesta a la pregunta de qué sucede cuando nos morimos. ¿Qué pasa después de la muerte? La pregunta por el *después* no ha sido olvidada en ninguna época de la Historia humana. No existe ni una sola cultura en la Tierra que no ha haya intentado en alguna ocasión encontrar una respuesta.

Poco antes de finales del siglo xx y en relación al planteamiento de la existencia de vida después de la muerte, se puso de manifiesto un singular dilema: por un lado, están los científicos de las ciencias naturales que han desarrollado algo así como un sucedáneo de la religión: los hombres creen sólo en aquello que les es accesible directamente a su mente y que es reproducible en el laboratorio. Aún hay muchos científicos que son de la opinión de que el mundo entero no es otra cosa que átomos y pequeñas partículas. En este ámbito, la pregunta acerca de Dios o del Más Allá no remite a ninguna especulación comprobable.

Frente a este ampliamente extendido paradigma de la ciencia actual, que aporta muy poco consuelo y que deja solos a los hombres frente a la pregunta del ser o del no ser, se encuentra la intensa investigación realizada sobre el sentido de la existencia, que se muestra de manera global en las aperturas espirituales, cada vez más numerosas, de muchos millones de personas. La búsqueda de nuestra verdadera esencia, o sea, de reconocer nuestro origen espiritual, forma parte del principio básico de la evolución. Sólo el reconocimiento de la energía divina que hay dentro de nosotros mismos puede llevar a los hombres a la nueva edad dorada. Hoy en día, el hombre tan sólo se queda en el umbral, y los múltiples y apresurados acontecimientos hacen referencia al salto en el desarrollo de la historia humana. Además, actualmente disponemos de más conocimientos sobre el acto de morir, la muerte y la vida después de ésta que nunca antes en la historia.

Esta divergencia en la sociedad quedó documentada en una encuesta que llevó a cabo la revista *Focus* durante la Semana Santa de 1999. Según ella, en Alemania Occidental uno de cada dos alemanes cree que existe una vida después de la muerte; en Alemania Oriental, sin embargo, sólo uno de cada cuatro ciudadanos. Una mayoría del 65 % de todos los alemanes creen, no obstante, en Dios, aunque sus ideas sobre la figura divina ya no se ciñen a los contenidos de las creencias cristianas, sino que muchas personas se atreven a manifestar su propio modelo individual de Dios.

La manera en que las grandes religiones de la historia de la humanidad responden a la pregunta de la existencia de una vida después de la muerte y hasta qué punto coincide ésta con las experiencias cercanas a la muerte actuales o con otras también trascendentes de los seres humanos, se explicará un poco más adelante. Dada la complejidad y la multiplicidad de las religiones, sólo se podrán tener en cuenta las principales corrientes religiosas.

C. G. Jung remitió hace ya algunos años a una profunda realización y a un profundo sentido. Y escribe: «En último término, todo el mundo sufre bajo la creencia de que ha perdido aquello que las religiones le han dado a sus seguidores, y nadie se siente bien de verdad si no recupera su orientación religiosa, lo que no tiene nada que ver con la confesión o la pertenencia a una iglesia».[49]

✵ Religiones primitivas

El origen del hombre está ligado a la naturaleza. Lo que sintieron, pensaron y creyeron nuestros primeros antepasados depende muy especialmente de sus experiencias cotidianas.

La lucha por la supervivencia y el miedo a la caprichosa naturaleza determinaban el transcurrir cotidiano y las preocupaciones de los primeros hombres. No diferenciaban entre el mundo exterior y el mundo de sus pensamientos, puesto que se percibían como un todo. La idea de un cuerpo separado del alma era desconocida para los hombres primitivos. La aceptación de la existencia de un alma se desarrolló justo en el punto de la evolución en el que el hombre empezó a poner en orden sus impresiones.

El examen de las ideas sobre el Más Allá prehistóricas se limita a los hallazgos arqueológicos. De forma resumida, se pueden realizar las siguientes afirmaciones:

1. El antepasado del hombre actual, el llamado *hombre de Peking* u *homo erectus,* les cortaba el cráneo a los muertos. Esto nos muestra que ya el hombre de Peking relacionaba el tránsito de la vida a la muerte con la cabeza.

2. De la Edad de Piedra también se encuentran cráneos y mandíbulas separados del cuerpo y enterrados. Estas partes del cuerpo estaban dispuestas de una forma especial o dotadas de

49. C. G. Jung: *Ges. Werke* (Obras completas); Stuttgart ,1963; p. 362.

algún complemento. Esto es especialmente interesante, pues en los primeros tiempos del hombre apenas había entierros.

3. Una prueba aún más evidente de la aceptación de la existencia de un alma la constituyen las perforaciones de los cráneos. El hueso craneal humano encontrado se había abierto claramente ya en vida, por lo que la abertura artificial representaba un orificio destinado al tránsito del alma.

La idea de un alma que sale del cuerpo se originó más tarde gracias al posterior desarrollo del pensamiento humano y su progresiva diferenciación en contraposición a la experiencia primitiva.

A finales de la Edad de Hielo apareció la primitiva religiosidad del chamanismo: los chamanes son magos o sacerdotes que pueden conseguir una unión con los espíritus, utilizando determinados rituales o técnicas y a través de la ingestión de sustancias alucinógenas. Un chamán es capaz de abandonar su cuerpo y emprender viajes místicos por las regiones cósmicas únicamente por la acción de su voluntad.

Junto a las herramientas y los hallazgos de huesos, las pinturas de las cavernas forman parte de los vestigios más impresionantes de la prehistoria humana. El lugar de creación, la galería de la caverna, se halla alejado de la vida cotidiana, por lo que el descenso equivale a un traspaso de la frontera.

Queda equilibrada la sensación de tiempo y espacio.

Prácticamente todos los pueblos primitivos desarrollaron la creencia en un alma que sigue viviendo tras la muerte del cuerpo.

Los mayas establecidos en Centroamérica creían en un reino de los muertos. Al entrar en él era preciso vencer una serie de obstáculos. Los incas peruanos y otras tribus indias también creían en algo parecido y así debían vencer ríos, torrentes o desiertos. En la actualidad aparecen elementos muy similares a éstos a manera de experiencias en el túnel en las ECM, en las que el túnel se contempla como el símbolo del tránsito de este mundo al otro. Otro de los elementos que aparece también a veces es la superación de pruebas y obstáculos.

Los aztecas pensaban que los dioses habían creado el cielo y la tierra, y ante todo el sol generador de vida. Para garantizar el movimiento del sol, impregnaban su órbita con sangre humana, porque suponían que, sin este sacrificio, la vida en la Tierra desaparecería. Los aztecas contaban con tres reinos de los muertos distintos: el *Mictlan*, una especie de infierno eterno, el *Tlalocan* o entorno paradisíaco, y el llamado «Casa del sol» que estaba reservado a los caídos en la guerra y a las mujeres que morían después del parto.

La mayoría de las tribus indias creían que los espíritus de los muertos seguían viviendo en el otro mundo y que se seguían manteniendo en contacto con los que se quedaban en éste. Por esta razón honraban a los espíritus de sus antepasados y a cambio podían contar con su protección y consejo. Los indios preparaban grandes fiestas para entrar en contacto con sus muertos (la mayoría de las veces en éxtasis tras tomar alguna sustancia alucinógena). De entre todas ellas era de gran importancia el culto a los antepasados. No obstante, las ideas sobre la vida en el Más Allá apenas se diferenciaban de las de la América de creencias cristiana: las personas que han llevado una vida recta, pueden esperar la vida eterna en el paraíso tras la muerte. A este respecto se expresa como sigue un texto de los indios Delaware: «Allí vive el alma para siempre en un mundo feliz, en una tierra bella… Allí los niños se volverán a encontrar con sus padres y los padres con sus hijos… No hay sol allí, sino una luz brillante que ilumina al creador. Todos los hombres que mueren en la Tierra, sean jóvenes o viejos, son bienvenidos aquí de inmediato, y los ciegos y los inválidos se sentirán perfectamente aquí… Poco hay que decir sobre los seres malos de este mundo, excepto que están excluidos de la tierra de los Espíritus».[50]

En lo que respecta a las ideas de las religiones africanas, la muerte se contempla por lo general como el tránsito del pueblo del vivo al pueblo de los antepasados. Los ewe, una tribu que habita el bosque húmedo del África occidental, piensan que su alma ya ha existido antes de su propia vida. Con el nacimiento de un niño vuelve a nacer

50. Sven Loerzer y Monika Berger: *Berichte aus dem Jenseits. Vom Leben nach dem Tod* (Relatos del Más Allá. Sobre la vida después de la muerte); Augsburgo, 1990; p. 86.

al mismo tiempo un antepasado que había muerto. En los relatos en el lecho de muerte de los ewe se pueden observar experiencias transcendentes, porque toman como base procesos de muerte reales.

Así dice un texto: «Muchos que están a punto de morir recitan los nombres de personas que ya llevan muertas mucho tiempo. Para impedirlo se les ha de colocar un pañuelo en la boca...».

Los puntos de apoyo más claros de las diferentes ideas sobre el Más Allá de los pueblos primitivos, bajo el influjo de las experiencias espirituales, son el volver a ver a los antepasados muertos, la descripción de un paisaje paradisíaco y el motivo de la luz divina que aparece una y otra vez.

✨ Hinduismo

Lo que en Occidente se denomina con el término general de *hinduismo*, se refiere en realidad al variado mundo religioso de la India. Los fundamentos de esta creencia son los *Vedas* (textos védicos), que traducido significaría «conocimiento sagrado». La religión védica fue llevada a mediados del segundo milenio a la India por inmigrantes procedentes de otra cultura (nómadas indoeuropeos).

Por sus principales ideas sobre el Más Allá se sabe que el alma, tras la incineración del cadáver, toma un estado intermedio durante el cual permanece como un espíritu en la Tierra mientras espera a entrar en el mundo de sus antepasados. Una vez que ha entrado en el reino de los muertos, tendrá que atravesar aguas de diferentes tipos, así como pasar ante los perros del dios de los muertos Yama. Llegados al reino de los ancestros, los muertos esperan la vida eterna, siempre y cuando, claro está, hayan llevado una vida recta en la Tierra. Las almas malas, sin duda, aterrizarán en la profunda y negra oscuridad del infierno.

Alrededor del siglo XI antes de Cristo, los descendientes de los inmigrantes indoeuropeos avanzaron hacia el sur y el este e intentaron dominar a la población establecida en esta zona. Introdujeron el sistema de castas válido aún en nuestros días. Los inmigrantes se reservaron para sí la casta de los sacerdotes y controlaban los escritos y las ceremonias sagradas. De los sacerdotes llamados *Brahmanes* surgieron los *Upanishad* o doctrinas místicas.

En ellos se encuentra el pensamiento central de las enseñanzas hinduistas: la doctrina del renacimiento. Ésta afirma que las circunstancias vitales de todos y cada uno de los seres vivos está predeterminada por los conocimientos y los actos de su vida anterior —son consecuencia de ésta directamente— y a esto se le llama *karma*. Las almas vagan en un círculo infinito. La rueda del renacimiento no deja de girar hasta que el alma es liberada de este movimiento circular y esto gracias a un proceder responsable, formal y desinteresado (principio del amor incondicional). Después entra en el reino del dios Wishnu. Tras la muerte, el alma se halla en un estado de espera y en un entorno que se corresponde con su vida anterior. Los malos van al infierno, como sucede en todas las demás religiones de los hombres. Es importante para la religiosidad del hinduismo el momento en el que el alma abandona el cuerpo al morir.

El *Bhagavad Gita* da un consejo a los vivos a este respecto: «En el momento de morir, cuando el ser humano abandona el cuerpo, ha de dirigir su consciencia totalmente hacia mí. Entonces se hará un todo conmigo. Esto es seguro... Haz tuya la costumbre de practicar el recogimiento dentro de ti mismo y no permitas que tus sentidos vaguen de un lado para otro. De esta manera entrarás como dueño de ti mismo en aquel que da la luz y que es el Altísimo».

La religiosidad hindú es todo menos homogénea. A pesar de la multitud de mundos divinos, los escritos sagrados documentan la creencia en un solo dios, el Altísimo, como se le denomina en dicho texto.

✺ Budismo

A la edad de 29 años, en el año 450 a. C., Sidhartha Gautama decidió decir adiós al agradable entorno en el que vivía. Buscaba la iluminación religiosa y se ejercitó en el ayuno y la meditación. Sucedió un día que, estando sentado debajo de un árbol, le llegó la iluminación. Se comprometió a ayudar a otros seres a encontrar la verdad y la salvación. Gautama fue así conocido en todo el mundo por el nombre de Buda (el iluminado). Buda aprendió —de las bases de la religión hindú de su misma época— que es el propio hombre el que puede salirse del círculo de los renacimientos.

Para ello, Buda exige el cumplimiento de determinadas reglas de comportamiento: en la vida es de gran importancia abstenerse de hacer lo siguiente: matar, tomar lo que no nos es dado, excesos sexuales, uso de bebidas alcohólicas y otros estupefacientes. Se deben cuidar activamente las cuatro verdades nobles: el amor, la compasión, la participación en el júbilo de los demás y la serenidad.

Todas estas formas de comportarse reciben el nombre de «el noble óctuple sendero» y su respeto conducirá al propio espíritu hacia el saber más alto a través de la disciplina, la sabiduría y el recto proceder. Uno de los convencimientos más firmes de Buda era el hecho de que la vida está permanentemente unida al sufrimiento. El aferrarse a las cosas terrenales lo único que produce es un nuevo sufrimiento y hace imposible la liberación y, por ende, la salvación. Así pues, son muy poco los hombres que llegan a Buda. Sólo el alma del iluminado entra después de la muerte en *Nirvana*, que significa en muchas ocasiones «extinción», «desvanecimiento» y se refiere al sufrimiento y el encarcelamiento que supone la vida, pero no a la destrucción del ser.

Este primitivo budismo ofrecía a tan sólo unos pocos hombres la posibilidad de liberarse por ellos mismos de la rueda de los renacimientos (*Samsára*).

Este budismo llamado *Hinayana* (pequeño vehículo) tomó una dirección distinta, el *Mahayana* (vehículo grande), hacia la mitad del primer milenio de nuestro sistema cronológico. A partir de entonces, la posibilidad de conseguir la liberación no quedaba restringido a unos pocos, sino que afectaba a un número muy grande de personas. En el budismo Mahayana, todo ser debe resultar de ayuda a los demás para que encuentren el camino a la liberación. Son de especial importancia los *Bodhisattvas*, que ya han alcanzado el nivel, la dignidad, de Buda, y que desde unos mundos más altos ayudan a los creyentes a encontrar su camino, apoyándolos en la búsqueda.

A las dos formas descritas de budismo se une una tercera, *Tantrayana*. Un *Tantra* es una recopilación de escritos religiosos con contenido mágico y místico. Los Tantra prometen una liberación rápida y efectiva, pero ha de usarse sólo bajo la dirección de un maestro *(Lama)*. El texto más conocido de este tipo es el *Bardo Thödol* o *Libro tibetano de los muertos*. La oportunidad de liberarse se produce sobre todo en situaciones límite o en situaciones transitorias o provisionales, por ejemplo en el seno materno, durante el sueño o en la meditación. Las ideas sobre el Más Allá que se recogen en el libro de los muertos se diferencian mucho de los conceptos occidentales. El muerto ha de ser acompañado en su camino al Más Allá en un estado de suspensión entre la vida y el paraíso budista.

En el libro de los muertos se habla de tres bardos. *Bardo* significa «entre dos», «estado originado tras la muerte», «estado provisional», y es una oportunidad de alcanzar la liberación durante el proceso de muerte, en tanto en cuanto el difunto no permita que las apariciones engañosas, que su espíritu simula presentar, le desvíen de su camino a través del bardo.

En el mismo momento de morir, durante el primer bardo, se produce la mejor ocasión de liberación. Con la lectura del libro de los muertos a cargo de un Lama o un sacerdote durante 49 días después de la muerte, el difunto debe ser capaz de recordar los Tantra conocidos para así ser liberado. En el segundo bardo se encuentra con la verdadera naturaleza de las cosas que se hallan en el vacío. La verdadera naturaleza de las cosas es la brillante luz. Pero entonces el espíritu es por sí mismo como una luz brillante, en tanto en cuanto se libera del karma definitivamente. No obstante, el difunto tiene en este momento la posibilidad de contemplarse a sí mismo desde arriba, de sopesar los actos buenos y malos de su vida, y de ser liberado a través del abandono definitivo del cuerpo y la contemplación de la luz primitiva y original. Esto es algo que la mayoría de las personas no suelen conseguir, porque su karma es aún demasiado fuerte. A través de la experiencia choque de la muerte caen en una especie de desfallecimiento.

Para el difunto empieza ahora el tiempo de las imágenes engañosas kármicas, de las visiones y los mitos, durante las cuales los colores adquieren un significado especial: la luz blanca y la azul son los colores de la eternidad. La luz amarilla simboliza todo lo terreno de lo que el difunto quiere deshacerse. Después, el alma se encuentra la luz roja, el color del fuego. Debe renunciar a ella y meditar. En cuarto lugar aparece la luz verde, que se interpreta como la forma primitiva del aire. El alma se verá atrapada por un sentimiento de envidia, pero no debe huir. En el reino de los colores, el alma ha de encontrar la luz clara, pues todas las luces engañosas conducen al infierno y a un renacimiento, una reencarnación, de bajo nivel.

En *El Libro tibetano de los muertos* se describen estados psíquicos del hombre desde un punto de vista psicológico, y se hace mencionando diferentes divinidades a las que el muerto se va encontrando. Al principio estos seres son pacíficos, pero después se vuelven coléricos y desean amenazar y despedazar el alma. Ésta ha de darse cuenta de que no debe temer, porque su cuerpo está espiritualizado y por tanto, no es vulnerable. *El Libro tibetano de los muertos* da indicaciones al respecto y dice que las figuras horrorosas se corresponden a las propias representaciones psíquicas. Cuando el muerto puede por fin deshacerse de todas las sensaciones mundanas —como la ofuscación, el odio o la búsqueda de la fama—, se encontrará liberado.

Si no es así, entrará en el tercer y último bardo: el proceso de renacimiento. El alma del muerto se ve empujada por el karma y es incapaz de imponerse a las figuras horrorosas. Se enfrenta a las propias faltas: codicia, odio e ignorancia. Le está preparado, pues, un nuevo cuerpo del que no puede esperar ninguna misericordia. Es el alma la que tiene que vencer al mal, reconociéndose a sí misma. Sólo así puede liberarse por sus propios medios. Estas indicaciones sobre cómo comportarse en la vida después de la muerte se corresponden en cierta manera con las experiencias de personas que han pasado por una ECM. Ya *El Libro tibetano de los muertos* remite a las experiencias «infernales», que en él se describen como representaciones psíquicas de los hombres, como el encuentro con sus propios miedos en forma de figuras horrorosas.

La posibilidad de liberación de los estados transitorios de *El Libro tibetano de los muertos* descritos en el bardo es lo que le dan su nombre: *Bardo Thödol* significa «La gran liberación a través de la escucha en el estado transitorio».

Las religiones orientales recomiendan practicar con antelación la liberación a través de lo que se puede llamar ejercicios físicos. De ellas procede el budismo Zen japonés que utiliza relatos y dichos para alcanzar un estado meditativo profundo. En el *Kundaline Yoga* se intenta realizar al mismo tiempo ejercicios espirituales y físicos. Las experiencias que se hacen se asemejan en cierta manera a las experiencias cercanas a la muerte.

Un breve ejemplo de Gopi Krishna a este respecto: «Ya no era yo mismo o, mejor dicho, ya no era tal como yo me había conocido, un pequeño punto de luz y un estado de consciencia que estaba retenido dentro de un cuerpo. Pero en lugar de esto era un círculo más amplio de consciencia en el que el cuerpo sólo era un punto bañado de luz y en un estado de éxtasis y felicidad imposible de describir».[51]

En *El Libro tibetano de los muertos*, el muerto, durante el segundo bardo, tiene percepciones extracorporales y toma un cuerpo inmaterial con el que se mueve de un sitio a otro. Hace observaciones, puede oír y ver y percibe luces y destellos. Sin embargo, el camino de liberación presentado hasta aquí, dispone, desde el punto de vista del budismo, que estas percepciones han de ser contempladas como imágenes engañosas mundanas. Lo más probable es que sean compendios de conversaciones hechas en los lechos de muerte que se han infiltrado en *El Libro tibetano de los muertos*.

✵ Antiguo Egipto

La religión del antiguo Egipto (2660-2160 a. C.) se asemeja en cierta manera a las religiones primitivas: se honraba a los dioses y a los poderes indígenas, que eran responsables de la cosecha y la fertilidad. Sobre todo, la dependencia de la fertilidad del Nilo era lo que determinaba el comportamiento religioso de las personas.

La esperanza de los antiguos egipcios en la continuación de la vida en el Más Allá y el ritual de embalsamamiento que practicaban tienen su origen en el mito de Osiris.

---

51. Stefan Högl: *Leben nach dem Tod? Menschen berichten von ihren Nahtoderfahrungen* (¿Vida después de la muerte? Algunas personas cuentan sus experiencias cercanas a la muerte); Rastatt, 1998.

Osiris, el dios de la fertilidad, era el esposo de su hermana Isis. Su hermano Seth, la esencia del mal, le envidiaba porque gobernaba el pueblo: mandó construir un arca parecida a un ataúd, que se ajustaba exactamente al cuerpo de Osiris. Se las arregló con ciertos pretextos para encerrar a Osiris en el ataúd y lo recubrió con una capa de plomo líquido. El asesinado Osiris fue lanzado después dentro de su prisión al Nilo. Isis se puso a buscar los restos de su esposo muerto y acabó encontrando el ataúd en Byblos, atrapado por las ramas de un árbol que crecía y crecía desbordante de fertilidad. Lo llevó de vuelta a Egipto y lo enterró allí. Seth, que se enteró de esto, despedazó el cadáver en catorce trozos y los esparció lanzándolos al cielo en todas direcciones. Isis consiguió juntar todos los trozos excepto el pene, que había sido echado a los peces para que se lo comieran. Tomando la figura de un pájaro, Isis voló por encima del cadáver y de una forma mágica le devolvió la vida a Osiris. Tras su muerte, Isis había engendrado un hijo, Horus, a través del cual continuó viviendo Osiris, al mismo tiempo que se convertía en señor del reino de los muertos.

La práctica ritual del enterramiento en grandiosas construcciones funerarias y en pirámides, así como el embalsamamiento para mantener el cuerpo intacto de cara a la eternidad, expresa la creencia de los antiguos egipcios en la inmortalidad y la resurrección corporal. El alma (*Ba*), tras el tránsito, se puede mover libremente y es independiente del cuerpo. Pero para poder seguir viviendo en lo que los egipcios llaman el infierno, es decir, el Más Allá, el alma ha de continuar unida al cuerpo. Según los egipcios, el alma tiene deseos materiales como la necesidad de alimentos, de ahí las numerosas ablaciones y la gran cantidad de aditamentos funerarios.

A partir de las mágicas sentencias para la protección de los muertos (jeroglíficos) y para el acompañamiento del alma en el infierno, o sea, en el Más Allá, así como a partir de la clara idea de la revivificación, surge el *Libro de los muertos egipcio*.

En el Egipto posterior, con Aquenatón como fundador de una creencia universal, el sol se convirtió en el centro de la religión.

En la antigua Mesopotamia, la tierra situada entre los ríos Eufrates y Tigris, se creía que después de la muerte el alma se encaminaba hacia el oeste para entrar en el infierno o Más Allá. Pero la perspectiva era la de llegar a un lugar desconsolador tras la vida. No se creía en el ser inmortal.

En la epopeya de Gilgamesh —uno de los relatos más antiguos de la literatura mundial que conservamos—, el héroe sale en busca de la inmortalidad, pero no tiene éxito. Sin embargo, consigue entrar en el reino de los muertos y regresar de él. Este texto, pues, está relacionado con las experiencias de muerte actuales, lo que resulta extraordinariamente interesante: «Gilgamesh abandonó el mundo y se deslizó por un túnel oscuro que parecía no tener fin. Era un camino largo y desagradable..., pero al fin vio la luz al final de aquel oscuro tubo. Llegó a la salida del túnel y vio un jardín espléndido. De los árboles colgaban perlas y joyas, y todo él estaba irradiado por una maravillosa luz. Gilgamesh quería quedarse en este mundo. Sin embargo, el dios del sol le envió de vuelta a la vida».[52]

✷ Antiguos griegos y romanos

Los griegos creían que, junto al cuerpo mortal y al espíritu que tras la muerte regresaba al mundo de los espíritus, existía también un alma individual que entraba en el reino de los muertos, el llamado Hades. Una existencia sombría y triste y un anhelo continuo determinaban el destino de sus habitantes. El futuro paradisíaco sólo les esperaba a aquellos que eran ascendidos por los dioses a los Campos Elíseos.

Platón sustituyó el triste mundo del Hades por un destino individual que estaba directamente relacionado con los actos realizados en la vida anterior. De igual manera, este filósofo habla de la idea del renacimiento, entendido como un proceso de duración limitada que conduce a la felicidad. Para él, el cuerpo era como la tumba del alma. Así pues, en la antigua Grecia se intentaba, ya durante la propia vida, abandonar el cuerpo a través de algunos rituales dedicados a los dioses, cuya participación estaba reservada sólo para los iniciados.

52. Véase Högl, p. 108.

Plutarco le da a esto el nombre de «misterios eleusinos»: «El alma (en el momento de la muerte) realiza la misma experiencia que los que fueron iniciados en los grandes misterios».[53]

«Una de las experiencias cercanas a la muerte antigua más conocida es la que registra Platón en su obra *Politeia*, que trata sobre la política del Estado.»[54] Las ideas que los griegos tenían del Hades penetran después en la cultura romana. En la *Eneida* de Virgilio, el poeta envía al héroe al reino de los muertos, lo que está relacionado con la *Odisea* de Homero. Con ayuda de la Sibila, penetra en el antepatio de dicho reino; se trata de un encuentro con los infiernos. El segundo umbral que han de atravesar está formado por un gran río que es vigilado por el barquero Caronte, que sólo transporta a la otra orilla a los que han tenido un entierro solemne. Eneas y la Sibila entran, pues, en un reino de sombras más lejano, en el que el juez de los muertos, Minos, juzga a los difuntos según el principio de cómo ha sido su vida en la Tierra. Por último, la pareja atraviesa las puertas del Elíseo. Se trata de un lugar luminoso y agradable, el paraíso de los bienaventurados. Eneas se encuentra con su padre, que le alecciona sobre la transmigración de las almas y el renacimiento. Todo aquel que no haya trabajado de lleno para expiar sus culpas, habrá de regresar cada mil años de vuelta al cuerpo. Previamente beben las aguas del río Leteo para olvidar y así volver a nacer sin recuerdos.

✡ Antiguos germanos

Una de las fuentes más importantes de las culturas nórdicas y germanas es el *Edda*. El dios de mayor rango es Wotan (según los germanos del sur) u Odín (según los germanos del norte). Es el padre de los dioses, el guía de los muertos y el señor de Walhala. En este cielo germánico sólo pueden penetrar aquellos que hayan muerto en la

53. Véase Högl, p. 111.
54. Véase Högl, p. 110.

guerra. El que muera de forma natural, entra en el reino de Hel, un mundo de sombras triste y oscuro, desde el que llegan a Nifheim, un mundo helado del norte. Así pues, el cielo germánico está restringido.

Odín es el que provoca las guerras en el mundo para así poder reunir a los soldados valerosos que participarán en la última lucha. Será la caída del mundo con la que la Tierra y los dioses encontrarán su final. No obstante, después se originará una nueva Tierra y empezará una edad de oro.

✡ Religiones monoteístas

Antes de entrar en materia, conviene hacer algunas observaciones sobre la diferencia existente entre las religiones monoteístas y las demás. En el hinduismo y el budismo, el curso del mundo está regido por una ley universal eterna, a la que incluso los dioses están sometidos. Toda vida, todo ser, se consuma en círculos periódicos de nacimiento y muerte. No existe un dios todopoderoso e independiente, y hasta incluso la historia no persigue ningún sentido ni ninguna meta superior. El individuo queda determinado por la rueda de renacimientos, y sólo su propia fuerza podrá liberarle de este círculo.

A este respecto, la perspectiva de las religiones monoteístas es totalmente diferente: el mundo y sus leyes son obra de un dios personal, todopoderoso y omnisciente. Éste se encuentra fuera de su creación, interviene muy poco en el curso de la historia, aunque se da a conocer a los hombres una y otra vez de múltiples maneras y les muestra los caminos de la salvación. La historia tiene un comienzo y un final; la meta es el reino ultraterrenal de dios.

✡ Judaísmo

El Antiguo Testamento es el fundamento de la religión israelita. Los cinco libros de Moisés reciben el nombre de *Torá*. En la creencia judía se acepta la existencia de un infierno al que el hombre se dirige tras su muerte. La existencia en este reino de sombras, al que se llamó *Sheol*, era triste. La muerte se contempla en general como un castigo, al que estamos condenados desde Adán y Eva. Los grandes profetas de los primeros tiempos del Antiguo Testamento eran los pregoneros de la desgracia, que anunciaban el amenazante castigo de Yahvé a su desobediente pueblo. Como consecuencia de las persecuciones religiosas se originó poco a poco una creencia en la resurrección que se concretó después en el *Libro de Daniel*.[55]

Con el paso del tiempo se desarrolló la esperanza de una continuación de la vida llena de luz en el Más Allá. La creencia judía contiene la esperanza de que el reino de Dios se abrirá camino un día y que será anunciado y erigido por un Mesías. En el *Talmud* y los *Midrashim*, las fuentes de interpretación de las Sagradas Escrituras, se encuentran descripciones del judaísmo (religión mosaica). Su fundador, Moisés, halla su vocación como guía político y religioso de su pueblo a través de una experiencia divina en el monte Horeb.[56]

✡ Cristianismo

El nacimiento de Jesús de Nazaret en Palestina tuvo lugar bajo la ocupación romana. Su condición de hijo de Dios queda declarada en los cuatro Evangelios del Nuevo Testamento. La actuación de Jesús se contempla como una continuación y una renovación de la tradición judía. La idea central del mensaje de Jesús es el amor a Dios y al prójimo.

«Al final, Jesucristo fue condenado a muerte y resucitó al tercer día.» El cristianismo se basa en esta creencia de la resurrección: Jesús ha redimido a los hombres del pago de sus pecados gracias a su

55. Véase *Daniel* 12, 1-3/*Isaías* 11, 5-9.
56. Véase *Éxodo* 3, 1-6.

muerte y su resurrección. Lo decisivo en el pensamiento cristiano es la idea de *una sola vida*.

El alma humana, sin embargo, es inmortal, aunque se mantiene unida al cuerpo hasta el Juicio Final en el Más Allá, porque después habrá de producirse la resurrección de todos los muertos. La imagen cristiana de la vida después de la muerte implica que el alma eterna se unifique de nuevo con el cuerpo transformado.

Por otra parte, existe la idea del final del mundo unido al comienzo de una nueva era y una nueva tierra, el Jerusalén celestial. Pero todos aquellos que hayan pecado serán castigados con la condena eterna. Esta idea de las religiones cristianas unida a la de una única vida, ha determinado decisivamente la cultura occidental. Si en esta vida no se vive según los preceptos de la Biblia, el hombre está perdido para siempre e irá a parar al infierno eternamente. Este falso concepto trajo consecuencias conocidas por todos durante la Edad Media (los procesos contra las brujas, las muertes en la hoguera, las torturas, la superstición).

Por si la vida no fuera ya horrible, a los «pecadores» lo único que les espera es un campo de concentración eterno. Sin embargo, Jesucristo hace referencia en sus enseñanzas al amor incondicional de Dios y a la circunstancia de que el reino de Dios está arraigado en el interior de todo hombre. Pero éste es también el mensaje unánime de las personas que han pasado por una experiencia cercana a la muerte. A lo que se refiere, pues, la idea de una muerte total del hombre hasta su resurrección en el Juicio Final —y sobre ello ha llamado la atención de los fieles el papa Juan Pablo II en una audiencia general en el Vaticano— es al hecho de que la vida después de la muerte no empieza necesariamente con la resurrección última, y al hecho de que continúe existiendo un elemento espiritual como la propia consciencia justo después de la muerte.

«No se debe pensar que la vida después de la muerte no empieza hasta la resurrección final. En realidad, a ésta le precede ese estado especial en el que se encuentra el hombre desde el momento de la muerte física. Se trata de una fase de tránsito, una fase intermedia, en la que la desaparición del cuerpo "se enfrenta" a la permanencia y subsistencia de un elemento espiritual que está dotado de consciencia y voluntad, de tal manera que el "yo del hombre" sigue existiendo, aunque haya prescindido de su total corporeidad.»[57]

El Cabeza de la Iglesia católica parece confirmar con estas palabras las experiencias espirituales de millones de personas que han pasado por una experiencia cercana a la muerte. De ello se puede extraer la siguiente conclusión, que la «resurrección» ocurre directamente en el momento de la muerte. Seguramente a los muchos expertos en el Nuevo Testamento se les ha escapado el hecho de que ya Jesús se mostró con un cuerpo inmaterial a los discípulos.

✧ Islamismo

Aunque la vida en los estados islámicos con sistemas sociales fundamentalistas se diferencia mucho de la de los países de orientación cristiana, sus ideas sobre el Más Allá resultan muy similares. La creencia islámica se basa en el concepto de que sólo existe un Dios, Alá. Todo tipo de politeísmo es el peor de los pecados, incluso la Trinidad del cristianismo es una herejía. El fundamento del islamismo es el Corán, que le fue transmitido por inspiración divina al profeta Mahoma (nacido en La Meca en el 570 d. C.), el cual se encargó de su difusión. Los 114 párrafos, a los que se llama Suras, constituyen el libro sagrado de los musulmanes; en él, el islamismo se concibe a sí mismo como la perfección y la consumación de la tradición cristiano-judaica.

Al igual que el Antiguo y el Nuevo Testamento, el Corán da muy escasa información sobre una vida ultraterrena: en el Corán no se considera al hombre pecador por naturaleza, por lo tanto la salvación no es necesaria. No obstante, existe una responsabilidad moral, de la que cada uno habrá de dar cuenta en el Juicio Final ante Dios. El Día del Juicio se presenta tras un juicio intermedio y la caída del mundo, y en él se decide si el alma puede entrar en el paraíso o ha de sufrir eternamente la tortura del infierno. Así pues también en esta religión se contempla la idea de la existencia de un cielo y un infierno.

57. *L'Osservatore Romano*, n.º 45, 6.11.1998; edición alemana.

 Conclusión

Tanto el judaísmo, el cristianismo como el islamismo son religiones fundadas. Moisés, Jesús y Mahoma son entendidos como los fundadores enviados por Dios o los renovadores de la creencia en cuestión. Todos ellos participaron activamente en la situación religiosa y social de su época.

La vocación de Moisés surgió gracias a la quema de un zarzal durante la cual Dios se le apareció. Esta aparición externa, tal como se describe en la Biblia, fue seguramente una experiencia profunda, interna y trascendente.

Los primeros contactos de Jesús con los movimientos religiosos de su época tuvieron lugar durante el bautismo de san Juan Bautista.[58] Después se marchó al desierto para ayunar. Durante este tiempo debió sentir su vocación, pues nada más regresar empezó a predicar en público. En la famosa Transfiguración de la Biblia —con la que se tiende un puente al Antiguo Testamento— se llama testigos a varios acompañantes.[59]

Los Evangelistas necesitaban testigos para poder confirmar la vocación divina de Jesús. En la realidad, seguramente ésta se daría como una experiencia interna personal.

La vocación de Mahoma se produjo en la cueva del monte Hira, a donde se había trasladado para meditar. En un principio, casi se ve obligado a cumplir con su misión, pero después poco a poco comprende el sentido de lo que allí había experimentado y se da cuenta de que se trata de una experiencia profunda y duradera.

Así pues, a los fundadores de las tres religiones monoteístas les surge la vocación a través de una experiencia que traspasa los límites de la realidad y tras ella recuerdan que son unos enviados, además de para qué lo son.

Queda así demostrado que las experiencias trascendentales son el origen de todas las religiones.

58. Véase *Mateo* 3, 16-17.
59. Véase *Mateo* 17, 1-8.

Capítulo 7

Reencuentro con los muertos

En este capítulo se hablará de:

- las diversas experiencias de la gente que tras la muerte de un pariente tuvieron un contacto espontáneo con él.
- la sensación de presencia y el reconfortante contacto de los muertos.
- las apariciones visuales.
- la protección y la intervención en caso de peligro de los que han marchado al otro lado.
- cómo intentan explicar estos fenómenos las investigaciones sobre la muerte.

Contactos después de la muerte

Mucha gente, tras la muerte de un pariente o de un amigo, tiene una experiencia sobre la que apenas se atreven a hablar o directamente no lo hacen: un ser querido que ha muerto se pone en contacto con ellos después de la muerte.

Con mucha frecuencia, los afectados se ven influidos tanto emocional como espiritualmente tras un contacto después de la muerte. Los contactos casi siempre resultan consoladores y ayudan a los familiares del finado a sobrellevar la tristeza.

Los contactos después de la muerte son esencialmente más numerosas entre la población que las experiencias cercanas a la muerte. Un estudio de 1997 documenta la existencia de cincuenta millones de norteamericanos que han tenido contactos con los muertos. La cifra equivale a alrededor del 20 % de la población de los Estados Unidos.

En los grupos de charlas y en los seminarios que tratan la muerte queda claro el hecho de que las experiencias cercanas a la muerte son mucho más comunes de lo que en general se supone. No se debe olvidar la reacción de los parientes frente al tema —en su mayoría despreciativa, peyorativa y negativa—, que impide muchas veces que se exprese libre y espontáneamente la experiencia, dado el miedo que se siente a no ser considerado normal. Se requiere urgentemente una nueva sinceridad en estos temas tan delicados. Las experiencias cercanas a la muerte y también los contactos con los muertos han de ser entendidos como un regalo, porque nos transmiten la prueba de que la vida continúa después de la muerte. Con frecuencia, lo que sucede es que los contactos después de la muerte provocan la inseguridad de los afectados.

«El hecho es que no sabemos por qué algunas personas experimentan contactos después de la muerte y otras no. Desconocemos por qué los muertos contactan con ciertas personas en el momento de la muerte, mientras en otras ocasiones tardan años en establecer dicho contacto. Tampoco sabemos por qué hay personas que tienen visiones y otras escuchan voces. Pero hay una cosa cierta: ¡estas cosas suceden de verdad!»[60]

Los contactos después de la muerte, o sea, los encuentros y apariciones de los muertos, se producen de doce formas distintas:

1. Contactos con sensación de presencia.
2. Voces y mensajes: contactos después de la muerte con percepciones auditivas.
3. Contactos consoladores: percepciones táctiles.
4. El aroma del recuerdo: percepciones olfativas.
5. Apariciones visuales, parciales o totales.
6. Una mirada más allá de los límites de la realidad: visiones.
7. Encuentros entre la vigilia y el sueño.
8. Contactos durante el sueño.
9. Contactos extracorporales (*out of body*).
10. Contactos telefónicos después de la muerte.
11. Fenómenos físicos: materia en movimiento.
12. Contactos después de la muerte sin conocerse la noticia de dicha muerte.

A esto se suma la gente que se ve protegida ante un peligro, que son salvados de una amenaza contra su vida o incluso disuadidos

60. Cherie Sutherland: *Tröstliche Begegnungen mit verstorbenen Kindern* (Encuentros consoladores con niños fallecidos); Berna, 1998; p. 9.

de cometer suicidio gracias al contacto con parientes muertos. A continuación se tratará cada criterio en particular y se aportarán ejemplos que lo ilustren con precisión.

✳ Sensación de presencia

Los casos en los que se siente la presencia de un amigo o pariente muerto son la forma de contacto después de la muerte más extendida. El conocimiento interno o la percepción intuitiva de que el finado se encuentra en nuestro mismo espacio o entorno, representa una sensación de proximidad muy cercana, casi física. La presencia resulta familiar y permite identificar claramente la identidad y la personalidad del muerto. Los contactos después de la muerte suceden por lo general de repente, sin ninguna razón o pretexto reconocible. Son estos momentos espontáneos de unión espiritual, que nos llenan de alegría y nos transmiten un conocimiento interno, los que nos hacen aferrarnos a la vida durante mucho tiempo.

Un ama de casa de 56 años de edad, cuya madre entró en contacto con ella tres años después de haber muerto, declaraba «Conducía por la calle como lo hacía todos los días de camino a casa desde el trabajo. De repente, ¡mi madre estaba sentada junto a mí en el coche! Sencillamente estaba allí. Sentí su presencia, todo su ser, igual que si estuviera sentada a mi lado. ¡Casi creí que podía tocarla! Sentí una sensación indescriptible de calor, un calor lleno de cariño y consuelo, como si mi madre quisiera darme a entender que siempre estaría presente cuando la necesitase. Fue una experiencia maravillosa. Aunque duró muy poco tiempo, casi sentí que flotaba de la alegría».[61]

61. Bill y Judy Guggenheim: *Trost aus dem Jenseits. Unerwartete Begegnungen mit Verstorbenen* (Consuelo desde el Más Allá. Encuentros inesperados con los muertos); Berna, 1997; p. 32.

✦ Percepciones auditivas

En muchos contactos después de la muerte se transmiten mensajes verbales. La gente habla de una voz que a veces viene de fuera, aunque en la mayoría de las ocasiones se anuncia internamente y a través de los pensamientos. A esto se le llama también comunicación telepática. En cualquiera de los casos es la forma más sencilla de reconocer con quién se ha hablado.

El hermano de Karen murió en un accidente de coche por culpa de un conductor borracho. Cinco meses después del suceso, esta mujer escuchó su voz dentro de la cabeza. Él le dijo que no debía preocuparse, que todo estaba bien. Ella pensaba que se había imaginado todo aquello, cuando dos minutos después recibió otra comunicación:

«El accidente que tuve no tiene importancia. No es significativo. ¡Deja ya de darle vueltas en la cabeza!».

✦ Contactos consoladores

Los contactos físicos entre los muertos y los vivos son más bien raros. Sólo tienen lugar entre aquellas personas que tenían una relación muy estrecha la una con la otra.

Una enfermera contaba su experiencia con su hijo Mark, de doce años, que había muerto en un accidente que tuvo en el parque: «En verano, tras la muerte de mi hijo, estaba yo apoyada en la puerta de la terraza, mirando el patio. Pensaba en Mark cuando aún era pequeño. De repente, mi hijo me puso una mano en el hombro izquierdo. Fue un contacto muy leve, muy ligero. Tuve la sensación de que me cubría algo cálido y consolador. Yo estaba muy serena y tranquila. Era la primera vez después de su muerte que sentía algo parecido a la paz».[62]

62. Guggenheim, p. 54 y siguientes.

✿ Aroma del recuerdo

Los contactos con los muertos en los que se perciben olores, que se asocian a determinados parientes o amigos, son relativamente frecuentes. El lugar en el que nos encontramos se llena de pronto de un determinado aroma, que no procede de ninguna fuente en concreto; por ejemplo, una determinada agua de colonia, un perfume, una loción para después del afeitado, flores, bebidas, tabaco, etc. Es la forma de contacto después de la muerte que, en ocasiones, puede ser percibida por varias personas al mismo tiempo.

Sharon, una periodista de 34 años de Florida, recibió la visita de su abuela muerta.

«Mi abuela tenía un olor muy característico, que le pertenecía a ella en particular. A veces pasa esto con las personas mayores. Su aroma era maravilloso, en absoluto desagradable. Era un aroma delicado, confortante, como un poco a lavanda. Ella utilizaba jabón de lavanda siempre en el baño y guardaba pastillas en los cajones de la ropa. Yo había olido este aroma por última vez en su casa. A la siguiente primavera, aproximadamente un año después de su muerte, subía las escaleras de mi apartamento y de pronto, ¡ahí estaba ese aroma! Era fuerte e inconfundible.»[63]

✿ Apariciones visuales

Hay muchos relatos sobre muertos que han sido vistos de verdad. Algunas personas hablan de apariciones parciales, en las que ven una parte del cuerpo o la figura completa, por lo que no toman dicha aparición como algo real. Perciben a los muertos como una luz clara, como un rostro rodeado de un resplandor, como un cuerpo completo que describen como formado por una bruma transparente, o bien

63. Guggenheim, pp. 66 y siguientes.

como una figura dotada de vida. En las apariciones totales se ve el cuerpo entero, con lo que los muertos dan la impresión de ser totalmente corpóreos y tener vida.

Pam, una secretaria, perdió a su hijo Brad de 20 años en un accidente de moto: «Diez días después de la muerte de mi hijo, apareció en medio de mi salón una luz. Vi la cara de Brad, sus ojos y su sonrisa, todo rodeado de luz. Quise tocarle y alargué los brazos hacia él. Brad me dijo: "Mamá, estoy bien". Sabía que iba a decir eso y me penetró directamente en el pensamiento. Yo dije: "Hijo mío, quiero estar contigo". Él sacudió la cabeza sonriendo y contestó: "No, aún no te ha llegado la hora, mamá". Parecía tranquilo y feliz cuando se volvió a marchar. Después, aliviada, me giré hacia un lado y dormí como no lo había hecho desde la muerte de Brad».[64]

Un diseñador de interiores hablaba de un contacto táctil con su compañero sentimental, Robert, que había muerto de sida a la edad de 38 años. Es un ejemplo claro del hecho de que mucha gente que ha vivido un contacto después de la muerte, pierde el miedo a morir.

«Era aproximadamente la una de la noche y dormía profundamente en mi cuarto, cuando me despertó una repentina claridad. Era como si alguien me hubiera enfocado directamente a la cara con una lámpara, ¡así de fuerte era!

Cuando abrí los ojos, Robert estaba justo al lado de mi cama, a tan sólo unos centímetros de mí. Tenía el rostro rodeado por una intensa luz blanca; procedía de él, pero no me hacía daño. El resto del cuarto estaba completamente a oscuras; no obstante, no sentía miedo. Después pasaron varias cosas al mismo tiempo. Aunque no podía ver a través de él claramente, tampoco era totalmente corpóreo.

Alrededor de su cuerpo se movían algo así como remolinos de aire. Llevaba puesta, una especie de túnica oscura, quizá con una capucha.

Robert reflejaba un intenso amor que me penetró por completo, como si nuestras energías se hubieran mezclado. Cada fibra de mi cuerpo sentía amor, un amor total, un entendimiento y una compa-

64. Guggenheim, p. 76 y siguientes.

sión absolutos, unos sentimientos muy diferentes de los que experimentamos aquí. ¡Fue una experiencia cósmica en toda regla!

Tenía unos ojos muy bonitos, extrañamente bonitos. Toqué su brazo derecho con mi mano izquierda y sentí el fuerte calor que irradiaba su cuerpo y también una fuerte vibración.

Después Robert me cogió el brazo izquierdo, lo colocó otra vez junto a mi cuerpo y sencillamente desapareció. La luz se marchó también con él, totalmente de repente, como si alguien la hubiera apagado. De todos los regalos que Robert me había hecho en su vida, aquél había sido el más bonito. Había sido curativo, y ahora ya no siento miedo ante la muerte. Todo lo que había leído de Elisabeth Kübler-Ross sobre este tema, quedó comprobado. Afirmaría ante cualquier escéptico que esta experiencia tuvo lugar de verdad.»[65]

A una abogada se le apareció su hijo de doce años que había muerto de leucemia: «De pronto, Georg estaba junto a mi cama y se reía feliz. Le miré de la cabeza a los pies. Parecía de carne y hueso. Llevaba una camiseta de rayas y unos pantalones cortos azules. No se le notaba nada su leucemia. Tenía muchísimo pelo, lo cual era asombroso, porque al final de su vida lo había perdido todo. Y el lado en el que había sido operado, no había ninguna cicatriz. Georg dijo: "Mamá, estoy muerto, pero todo va bien. Me encuentro bien". Se le veía igual que había sido antes, cuando aún vivía y gozaba de salud.

Se movía con mucha destreza y se le veía claramente feliz y sano. Después desapareció.

¡Estaba tan feliz de verle y oírle decir que se encontraba bien! Yo estaba bastante segura de que era así, pero me pareció muy agradable que fuera él el que viniera a decírmelo. Me encontraba muy feliz. Fue una experiencia especial y cada vez que la recuerdo me hace sonreír».

Lo raro de estos casos es que los muertos aparezcan sanos y salvos. Es una situación análoga a la de las experiencias cercanas a la muerte de los paralíticos o los ciegos, que se ven sanos, sin ninguna de sus discapacidades.

65. Guggenheim, p. 85 y siguientes.

✴ Más allá de los límites de la realidad: visiones

Las visiones en los contactos después de la muerte, que son relativamente raras, se producen de dos formas: en las externas, los muertos aparecen como imágenes o diapositivas, incluso como hologramas. En las visiones internas se los percibe como espíritus. Las visiones, en su mayoría, constan de colores luminosos, que parecen iluminados por una luz interior. Se usa el símil de una ventana de cristal que es irradiada por detrás. Se crea la impresión de mirar a través de una abertura en el mundo espiritual. En las visiones de los contactos después de la muerte también se producen comunicados. Raymond Moody, el gran pionero de las investigaciones sobre experiencias cercanas a la muerte, intentó encontrar algunos métodos en la década de 1990 que facilitaran los encuentros con los muertos.

Creó lo que llamó un «Psicomanteum», basándose en el oráculo de los muertos de la Grecia antigua. En 1958, unos arqueólogos descubrieron en sus excavaciones un oráculo de este tipo en Epeiros. Se encontraron los restos de un caldero de bronce gigantesco. Moody supone: «... que se limpiaba con mucho cuidado la parte interior del caldero y después se le llenaba de agua y aceite de oliva. Cuando después se iluminaba con lámparas o antorchas de forma indirecta, se originaba un magnífico espejo, no un espejo reflectante, sino un espejo difuso en el que —digámoslo así— se podía contemplar el infinito.

Se sabe que en los espejos no reflectantes se forman visiones, por ejemplo en las bolas de cristal, y a este respecto se habla de *cristalomancia*.[66]

Raymond Moody preparó una pequeña cámara oscura y revistió las paredes de un material de color negro. Una vez dentro, se estaba frente a un espejo de gran tamaño, que se hallaba colgado de tal

66. Esotera 10/97, p. 37.

manera que era imposible mirarse en él. Gracias a la luz, débil e indirecta, el espejo se convertía en una puerta al infinito. Se produce, de hecho, una visión que implica contactos con los muertos.

De nuevo, unos pocos ejemplos al respecto. Primero una visión externa: Patty, una contable de 44 años, cuyo hijo Todd, de 15, había muerto en un accidente de coche, contaba: «Aproximadamente un mes y medio después estaba yo sentada en el cuarto de trabajo leyendo un libro de una madre que había perdido a su hijo. Ésta describía cómo se había introducido en una profunda meditación. Cuando llegué a esta parte, dejé el libro y cerré los ojos. Lo único que pensaba era: "¡Por favor, Dios mío, hazme saber que Todd se encuentra bien!". Cuando volví a abrir los ojos, vi la cara de mi hijo frente a mí. Sonreía feliz y estaba rodeado de luz. Su sonrisa parecía decirme: "Todo va fenomenal. Deja de preocuparte por mí. Estoy en otro lugar, en el que me siento muy afortunado".

Su cara estaba contenida dentro de un círculo: parecía una diapositiva y no era tridimensional. Permaneció allí un minuto y después, de golpe, desapareció.

Me consoló enormemente que Todd me hubiera sonreído. Mi marido estaba fuera, en la terraza, y yo me dirigí enseguida a él y le conté mi experiencia. También él se alegró mucho».[67]

Una de las visiones más famosas de un muerto es la que describe Elisabeth Kübler-Ross: en una fase de su vida en la que deseaba abandonar el trabajo con los moribundos, se le apareció de repente la señora Schwartz, una paciente que había muerto diez meses atrás. Esta mujer le pidió a Elisabeth que continuara con su trabajo sobre los moribundos y la muerte.

Elisabeth Kübler-Ross describe su encuentro con la señora Schwartz en su autobiografía, *La rueda de la vida*: «La señora Schwartz se encontraba junto a mi escritorio y me sonreía radiante. Esto me dio un momento para reflexionar. ¿Estaba pasando aquello de verdad? ¿Cómo podía saber ella que yo estaba planeando dejar este tra-

67. Guggenheim, p. 104.

bajo? "Escúcheme, su trabajo acaba de empezar —continuó diciendo— la ayudaremos".

Aunque para mí resultaba difícil creer lo que estaba sucediendo en aquel momento, no pude evitar contestar: "Sí, la estoy oyendo". De repente sentí que la señora Schwartz ya conocía mis pensamientos y todo lo que fuera a decir. Decidí pedirle una prueba de que de verdad estaba allí. Para ello le tendí un bolígrafo y un trozo de papel y le pedí que escribiera una pequeña nota para el padre Gaines. Ella garabateó rápidamente una fórmula de agradecimiento. "¿Está contenta ahora?" me preguntó.

La verdad es que no sabía cómo me sentía. Un rato después, la señora Schwartz desapareció de nuevo.

La busqué por todas partes, pero no encontré ni rastro de ella; me apresuré hacia mi escritorio y busqué la nota que había escrito. Toqué el papel, estudié la escritura, etc. Pero después me quedé quieta. ¿Por qué tenía que dudar? ¿Por qué seguir haciéndome preguntas?».[68]

A este respecto hay que señalar que la misma Elisabeth Kübler-Ross fue objeto de las burlas de amigos muy próximos, como Raymond Moody, cuando le describió este encuentro en 1977. En su libro *Una mirada tras del espejo* aparecido en 1994, Moody se disculpó en público ante Elisabeth: «Cuando Elisabeth me contó esta historia, protesté a gritos. "¡Elisabeth, no me cuentes esas cosas!", le dije. "¿Cómo es posible que no hayas reconocido a esta mujer de inmediato cuando la conocías tan bien? Después de muchos años puedo decir que ahora lo entiendo. Por mi propia experiencia y las de los demás, puedo confirmar que en estos casos los muertos no tienen la apariencia que tenían antes de morir. Extrañamente, o quizá no, parecen más jóvenes o menos estresados, aunque sí se los puede reconocer».[69]

68. Elisabeth Kübler-Ross: *Das Rad des Lebens. Autobiographie*; Múnich, 1997; p. 217 y siguiente. (*La rueda de la vida*; Ediciones B, 1997.)
69. Raymond Moody y Paul Perry: *Blick hinter den Spiegel. Botschaften aus der anderen Welt* (Una mirada tras el espejo. Mensajes del otro mundo); Múnich, 1994.

Y ahora un ejemplo de una visión interna: un funcionario administrativo de Washington perdió a su hija de tres meses a consecuencia de la muerte súbita del lactante. Se sintió consolado por la siguiente visión de su padre que también había muerto: «Mi visión se produjo unos cinco días después de la muerte de Lauren, mientras iba conduciendo el coche. Tenía los ojos abiertos y miraba la calle que tenía ante mí. De repente vi la imagen de mi hija sentada a los pies de mi padre. Él la sujetaba con el brazo. Lauren llevaba un vestido fucsia y sonreía muy feliz.

Mi abuela estaba junto a ellos y detrás de mi padre estaba también mi tío. Algo más atrás se hallaban otros parientes que también habían muerto. Se trataba de un lugar muy tranquilo y todos estaban felices. Por la expresión de la cara de mi padre deduje que estaba muy orgulloso de Lauren. La visión se terminó cuando mi padre dijo: "¡Se encuentra muy bien!". Yo sonreí y la imagen se difuminó poco a poco». Después, este hombre sintió una profunda paz.[70]

✡ Contactos después de la muerte entre la vigilia y el sueño

Al quedarnos dormidos o al despertar, en ese estado de consciencia del medio sueño o del despertar relajado, se producen muchos contactos después de la muerte. En dicho estado, la gente está más abierta y así los muertos pueden contactar más fácilmente con ellos.

Bruce, de 43 años, trabaja en Florida en el sector militar. Poco después de la muerte de su padre consiguió tener una actitud consciente hacia la vida: «Fue en la semana después de la muerte de mi padre. Estaba medio despierto, medio dormido, cuando vi a mi padre a los pies de mi cama. No tenía ningún miedo, más bien sentía curiosidad. Parecía mucho más joven y saludable, como si tuviera

70. Guggenheim, p. 110.

unos 40 años. Mi padre se deslizó más o menos un metro sobre el suelo y llevaba puesto algo similar a un mono ajustado de color blanco brillante. No era totalmente corpóreo, pero tampoco transparente (no se veía a través de él). De alguna manera irradiaba luz, casi relucía. Daba la impresión de estar muy tranquilo y relajado.

Cuando me di cuenta de que él estaba allí, salí de mi estado crepuscular y de golpe me desperté. Contemplé a mi padre durante unos segundos.

Después le oí claramente decir con su propia voz: "¡No te preocupes por mí. Todo está muy bien!". A continuación, se fue desmaterializando y desapareció. Eso fue lo que sucedió.

A mí personalmente me da igual si puedo convencer a los demás de la veracidad de esta experiencia o no. Me basta con saber que fue así. Sé lo que vi; mi padre estaba allí. ¡No tengo ninguna duda de ello!

Tras esta experiencia, tuve claro que la vida es un *continuum* y que la vida terrenal sólo es un paso dentro de él. La muerte es, pues, como si se atravesara una puerta».[71]

✿ Contactos durante el sueño

Los contactos con los muertos se producen frecuentemente durante el sueño. Muchas personas que los han experimentado durante el sueño han declarado que dichos sueños no se olvidan. Se presentan de forma más ordenada, tienen más color y son más fáciles de retener en la memoria que otros sueños. Lo irreal y con frecuencia fragmentario que caracteriza a los sueños no está presente; se parecen más a las visiones que se han descrito antes. En este punto conviene constatar que, por supuesto, muchos contactos después de la muerte contienen mezcladas varias características de las aquí descritas.

Yo mismo me acuerdo vivamente de diferentes contactos con mi madre muerta durante el sueño. Al contrario de otros sueños difusos

71. Guggenheim, p. 117.

de los que normalmente era incapaz de acordarme por la mañana, estos encuentros los tengo muy presentes. También he podido observar que dichos contactos en muchas ocasiones se producen en períodos existenciales de la vida, sea a manera de advertencia o para infundir ánimo. Hay algo que queda claro de todo esto y es que los muertos intervienen en nuestra vida y en nuestro desarrollo.

Tengo un vivo recuerdo sobre todo de cuando mi madre apareció de repente ante mí y me abrazó durante una crisis especialmente importante. Este contacto se produjo en un estado de somnolencia o semisueño. Otros encuentros durante el sueño se llevaron a cabo en lugares desconocidos para mí, por lo que los diferentes espacios en los que me iba encontrando, seguramente estarían relacionados con el desarrollo del espíritu de mi madre después de la muerte.

Hoy en día hay muchos relatos de personas que han sufrido durante mucho tiempo dolorosas enfermedades cancerosas y que se han despertado en el Más Allá estando en el hospital. Estas personas *necesitan* un determinado tiempo para acostumbrarse al nuevo entorno carente de dolores.

Me acuerdo que aproximadamente un año después de la terrible muerte de mi madre a causa del cáncer, tuve un encuentro con ella en una especie de casa de salud. Unos años después yo mismo me encontraba en esta casa como invitado.

He aquí otro ejemplo muy expresivo: Robin fue advertido del peligro por su abuelo muerto, comprobando así que siempre estaba a su lado. Robin dirige una guardería en Florida. Varios años después de que su abuelo muriese de un ataque cardíaco con más de 70 años, se le apareció justo en el momento adecuado: «Era el primer año de mi carrera y me encontraba durmiendo en mi cuarto en la residencia de estudiantes. En ese momento estaba soñando con algo y de repente ¡mi abuelo hizo acto de presencia en el sueño! Estaba allí de verdad; podía oler su loción de afeitar y su tabaco y sentí su calor. Parecía preocupado por mí. Dijo: "¡Cierra la ventana! ¡Tienes que cuidarte! ¡Cierra la ventana!". Se trataba de una clara advertencia. Yo me desperté asustado y miré a mi alrededor. El cuarto tenía dos ventanas que daban a un patio, y otras dos que daban a una escalera de incendios. Yo me levanté, pues, y eché el cerrojo a las ventanas. Alrededor de una media hora después, escuché gritar a una chica en una habitación de mi misma planta. Un hombre había subido por la escalera de incendios, había forcejeado primero con mi ventana y al no poder abrirla, había seguido subiendo hasta la de la chica. Lo atraparon al cabo de un tiempo».[72]

✡ Contactos extracorporales

Son personas que, durante una experiencia extracorporal (*out of body experience*), tuvieron encuentros con los muertos. Este aspecto se contempló ampliamente en las experiencias cercanas a la muerte.

Estas experiencias suceden en ocasiones de forma espontánea y la gente habla tanto de lugares que conocen como de otros totalmente desconocidos para ellos. Este tipo de contactos con los muertos no son muy frecuentes.

✡ Contactos telefónicos después de la muerte

Esta forma de contacto puede darse tanto durante el sueño como en la vigilia. Es relativamente rara. La gente cuenta que recibe una llamada mientras duerme. En los contactos durante el estado de vigilia, el teléfono suena en realidad. Si se descuelga el auricular, se puede oír la voz de un muerto que parece provenir de muy lejos. Al final no hay ningún clic ni ninguna señal de marcación. En su lugar se produce el silencio. Este ámbito entra de lleno en la transcomunicación. También hay personas cuyos muertos han hablado en el contestador automático o que se han comunicado a través del ordenador. Con frecuencia se producen también contactos por radio, para lo que se conecta un radiocasete a una onda media. Así se pueden recibir voces. Pero estas técnicas van mucho más allá del tema que tratamos, porque se trata claramente de provocar los contactos.

72. Guggenheim, p. 126.

✿ Fenómenos físicos: materia en movimiento

En estos fenómenos que suceden con bastante frecuencia, nos encontramos con una luz eléctrica, que se enciende o se apaga, radios, televisiones, reproductores de música y otros aparatos electrónicos que se conectan, electrodomésticos que se activan o cuadros u otros objetos que se ponen en movimiento.

Este tipo de casos se revelan muchas veces en forma de mensajes de los muertos. Estos fenómenos en el ámbito de la muerte están ampliamente extendidos, pero se los considera casi siempre como productos de una fantasía hiperactiva. Sin embargo, remiten siempre a una vida después de la muerte, incluso aunque no se pueda o quiera creer en ello.

Un ejemplo muy significativo es el que me contaron por teléfono. Un hombre de 43 años, enfermo de sida, me hablaba de sus contactos después de la muerte: «Hace cuatro años que murió mi compañero de toda la vida con el que había convivido veinte años. Lo hizo en mis brazos a causa del sida. En el momento de su muerte noté que su espíritu atravesaba mi corazón. Me sentí desconcertado ante este sentimiento tan fuerte y fuera de lo común, porque no creía en una vida después de la muerte. Yo siempre exigía pruebas sólidas a las que poderme agarrar.

Un año después de su muerte conocí a otro hombre. Era bastante más joven que yo y pronto empezamos a vivir juntos. También padecía sida. Por aquel entonces, de repente, ciertos objetos en mi casa comenzaron a tener vida propia. Así, por ejemplo, un macetero volaba literalmente desde un armario de la cocina formando un arco hasta el fregadero. Si se hubiera caído, lo normal es que hubiera ido a dar al suelo. Tuve la sensación de que mi compañero muerto estaba presente, pero me resultaba sencillamente imposible de creer. Una tarde, estábamos sentados cómodamente viendo la televisión, cuando mis máscaras africanas se cayeron una detrás de otra de la estantería. Las había comprado en África junto a mi compañero muerto, y de nuevo pensé por un instante que él deseaba establecer contacto conmigo. Pero puesto que seguía sin creer en una vida después de la muerte, le dije a mi compañero actual: "Creeré en ello si la máscara grande se cae". Poco después enfermó gravemente: otra persona moría entre mis brazos. Me sentí solo y desvalido. Al cabo de unas seis semanas de su muerte, dicha máscara grande se cayó al suelo, yendo a dar justamente a mis pies. En aquel punto entendí que aquello era un signo del compañero que acababa de morir. Al final creí que seguimos existiendo después de la muerte y que los muertos siempre están con nosotros».

Este caso muestra lo difícil que nos resulta entender los signos que nos mandan. La mayoría de las veces es la razón la que evita confiar en los propios sentimientos.

✳ Contactos después de la muerte sin conocer la noticia de dicha muerte

En estos casos, los muertos buscan a ciertas personas sin que éstas hayan tenido conocimiento de su muerte. Estos relatos, que literalmente giran alrededor del punto en el que se produce la muerte, se pueden considerar las pruebas más sólidas de la existencia de una vida posterior a la muerte. Este tipo de experiencias son bastante más frecuentes de lo que la mayoría de nosotros suponemos.

La muerte de un pariente se anuncia de diferentes formas. Una mujer contaba que había escuchado un fuerte ruido en el oído cuando murió su abuelo. También escuchó lo mismo cuando su padre murió en un accidente. Otra mujer se despertó una mañana con un ruido extraño en el oído, cuando al poco tiempo recibió la llamada del hospital comunicándole la muerte de su marido. Otras personas se despiertan por la noche, miran la hora y retienen en la memoria el momento justo del despertar. Poco después reciben la noticia de que un miembro de la familia ha fallecido. Es frecuente que en el momento de la muerte los relojes se paren o que se caiga un determinado cuadro de la pared.

Un hombre me habló de la muerte de su abuela. Justo en el momento en que ésta moría, las flores perdieron sus pétalos y un perfume invadió toda la sala.

Yo mismo viví el momento de la muerte de mi madre como sigue: un sábado a mediodía mi madre entró en coma. Por la noche me quedé con ella y por la mañana vino mi hermano a sustituirme. A eso de las once y media recibí una llamada para que fuera urgentemente al hospital. En ese instante yo estaba bajo los efectos de fuertes tranquilizantes. Dentro de mí sólo sentía vacío y nada más. Me tuve que parar en un semáforo y, de repente, me vinieron a los ojos lágrimas de alivio, por primera vez desde hacía seis meses. Después se abrió mi corazón y el espíritu de mi madre lo atravesó en un grito de júbilo por la alegría.

Nunca he olvidado esta sensación y me convenció por completo de la existencia de una vida después de la muerte. Como luego quedó claro, aquella experiencia ante el semáforo había sido el anuncio de la muerte de mi madre. Me siento feliz y agradecido de haber podido experimentarla.

El momento en el que un muerto se despide de nosotros y vuela a través de nuestro corazón tiene que ver con la fuerza del amor que nos une a él. Parece claro que los fallecidos están en condiciones de encontrarnos en cualquier momento y lugar, y en llegar a nosotros en cuestión de segundos en su cuerpo espiritual.

Resulta especialmente concluyente el caso de una mujer que de pronto tuvo un encuentro con un amigo de la juventud. «Tom y yo crecimos juntos. Éramos vecinos, pero yo no lo había vuelto a ver desde que había entrado en el sacerdocio. Cuando me fui a vivir a Texas, perdí definitivamente el contacto con él y con su familia. Una noche, como diez años después, me desperté de un sueño profundo y allí, junto a mi cama, estaba Tom con un uniforme de la marina. Me sorprendió que llevara un uniforme, porque yo suponía que era un sacerdote católico. Me dijo: "Vive feliz, Melinda, yo me marcho ahora". Y desapareció. Mi marido se despertó y le conté lo que había pasado. Pero él creyó que había sido simplemente un sueño. Tres días después, mi madre me escribió, diciéndome que Tom había muerto en una operación militar. ¡Era capellán de marina!».[73]

73. Guggenheim, p. 203.

A veces una persona también puede presenciar la muerte de otra, aunque ni siquiera la conozca.

Una mujer me contó lo siguiente: «Iba en el coche con mi marido por la autopista, cuando delante nuestro ocurrió un accidente. Tuve una sensación de terror cuando, de pronto, algo así como un abrigo negro me cubría. Después sentí un inmenso sentimiento de alegría y una paz y una tranquilidad infinitas. Al mirar por la ventanilla descubrí una bandada de pájaros que volaban formando una elipse hacia el cielo. Le dije a mi marido: "¡En ese accidente hay un hombre muerto!". Y efectivamente así era».

Resultan especialmente concluyentes los contactos después de la muerte que contienen mensajes o comunicaciones sobre algo que antes no se conocía.

Así me contó una mujer que había visto y hablado con su padre después de la muerte. Éste le transmitió importantes informaciones referidas a la herencia que había dejado. Respondió a todas sus preguntas, por lo que ella experimentó un gran sentimiento de felicidad.

✹ Conclusión

La mayoría de los contactos después de la muerte se producen en el primer año, tras dicha muerte. Desde el segundo hasta el quinto año resultan menos frecuentes. No obstante, cualquiera de las doce formas descritas arriba se puede dar al cabo de diez o incluso treinta años. Incluso años después de su muerte, los fallecidos tienen una sensación de compenetración con nosotros, observan nuestra vida y cuidan de nosotros con amor e interés. En primer lugar intentan ayudarnos en las situaciones difíciles o librarnos de peligros. Así, por ejemplo, algunas personas reciben advertencias que les protegen de actos criminales, accidentes de coche o de trabajo, incendios y de enfermedades desconocidas, o bien les advierten de la existencia de peligros que pueden afectar a bebés o a niños pequeños. Los contactos después de la muerte confirman la existencia de una vida después de la muerte y que los muertos siguen existiendo. El hecho de que no todo el mundo experimente esto de la misma manera, se debe a diferentes razones. Según parece, hay personas que se manejan con estas experiencias espirituales con soltura y sin miedos, porque ya desde su infancia han estado acostumbrados a estas cosas y en su vida han aprendido a confiar en su intuición. Pero hay otra gente a la que esto no le ocurre. A ello ha de unirse el hecho de que la tristeza y las emociones fuertes como la amargura, la rabia y el miedo son un impedimento para este tipo de contactos. En muchos casos sucede sencillamente que no somos capaces de escuchar las señales de los fallecidos. Una cosa es segura: no se puede forzar este tipo de contactos, lo mismo que tampoco se pueden evitar. El gran poder del universo es y sigue siendo el amor.

Elisabeth Kübler-Ross lo expresó así:

«La muerte sólo es un tránsito, un paso, de esta vida a otra existencia, en la que no existen ni dolores ni miedo. Desaparece toda la amargura y la discordia, y lo único que permanece eternamente es ¡el amor!».[74]

---

74. Guggenheim, p. 301.

Capítulo 8

Reencarnación

En este capítulo se hablará de:

- las pruebas que sobre la reencarnación presenta el profesor y doctor Ian Stevenson.
- el material que ha producido la regresión psicoterapéutica.
- cómo muchas regresiones confirman las experiencias cercanas a la muerte.
- la vida en medio de la vida.
- las personas que en una vida anterior simpatizaron espiritualmente.

«Pruebas» del profesor y Dr. Ian Stevenson

E l concepto de la reencarnación hace referencia a varias y repetidas vidas y casi siempre está unido a la idea de la causa y el efecto que reúne nuestras muchas vidas con un orden dotado de sentido.

En la India antigua, a este principio se le llamaba karma y de acuerdo con él no existe ninguna casualidad. Incluso los acontecimientos que puedan parecer que suceden de la manera más infundada, obedecen a causas que permanecen profundamente escondidas en el seno de la historia. El concepto de karma revela el orden que siguen las leyes de la naturaleza de causa y efecto, en el que se basa nuestra vida, colocándolo en el marco de un orden natural más amplio.

La creencia en la reencarnación es tan antigua como el mundo. De ninguna manera se trata de una cuestión de creencias puramente orientales. Hoy en día tiene seguidores en todo el mundo y es parte fundamental de tradiciones místicas, pertenecientes incluso a las religiones occidentales.

En los textos técnicos psicoterapéuticos aparecen regularmente recuerdos de este tipo desde hace alrededor de 25 años —con frecuencia sin ninguna intención en las psicoterapias orientadas a esta clase de experiencias—, hasta llegar a las actuales terapias de reencarnación que se practican por todas partes. Cuanto más profundamente penetramos en la consciencia con la ayuda de las técnicas modernas, más claramente encontramos confirmados los puntos de vista de los investigadores de la reencarnación. C. G. Jung fue el primer psiquiatra y psicoanalista occidental que descubrió, ya en la década de 1930, muestras de los recuerdos de la reencarnación en sus pacientes, de lo que dedujo la existencia de un inconsciente colectivo. A día de hoy hay tantos datos recopilados y comprobados, que el concepto de reencarnación ha pasado de ser una suposición improbable a una hipótesis con una probabilidad media o incluso alta.

✦ Stevenson

El profesor y doctor Ian Stevenson publicó a comienzos de 1999 su libro *Pruebas de la reencarnación*, según el cual las cicatrices y lunares de nacimiento probaban la existencia de varias vidas terrenales. En relación con esta obra, Trutz Hardo había publicado ya a finales de otoño de 1998 su libro *Renacimiento: las pruebas.*

En todas las culturas hay niños que, tan pronto como son capaces de hablar, mencionan su vida anterior en otro lugar, con otra gente y en otro cuerpo. Estos recuerdos aparecen de forma espontánea.

El doctor Ian Stevenson es el investigador que más ha profundizado y de forma más intensa en dichos recuerdos de los niños. Stevenson se ha dedicado desde los 40 años a la investigación de la reencarnación. Con mucho cuidado y aplicación ha reunido informes sobre casos de reencarnación de todo el mundo. Escogió, clasificó y examinó los casos esenciales, incluso en el propio lugar donde se produjeron, y entrevistó a los testigos, comparó los datos del lugar y las declaraciones de las personas, y estudió el entorno social. Cada caso en particular fue analizado según otros posibles modelos de explicación (por ejemplo, telepatía o locura). Sólo publicó investigaciones absolutamente probadas. Su libro *Pruebas de la reencarnación* representó más bien la presentación al público de la obra que había realizado a lo largo de toda su vida. Contribuyó de forma decisiva a sacar la reencarnación del ámbito de las creencias y las especulaciones, para introducirla en el mundo de los hechos y las argumentaciones. Este investigador documenta, sin dejar lugar a dudas, —en virtud de numerosos casos de cicatrices de nacimiento y lunares— que la individualidad humana se presenta más de una vez de forma física. Se trata de pruebas objetivas que permiten deducir la influencia de una personalidad muerta en un niño nacido después. Lo sensacional de sus explicaciones es que para muchos de los casos se habían reunido documentos médicos y con frecuencia incluso un informe de la muerte. Estos certificados escritos sirven para documentar la relación entre las heridas o los defectos físicos de una persona muerta y los lunares de un niño que recuerda una vida anterior.

El doctor Stevenson ha investigado, documentado y verificado científicamente hasta la actualidad más de tres mil casos de reencarnaciones.

El siguiente ejemplo trata de una joven francesa y de su extraña experiencia de *déjà-vu*. Esta mujer ya había tenido muchas veces el mismo sueño en 1986, en el que se veía como un hombre de nombre Benedikt que paseaba por un cementerio. Este sueño que se repetía una y otra vez la marcó profundamente; no podía olvidarlo.

Ocho años después, en 1994, viajó por primera vez en su vida a los Estados Unidos. Durante el viaje visitó el estado de Rhode Island, situado al noreste de dicho país y allí paseó por un cementerio. Sin explicación aparente se vio atraída por una de las lápidas más antiguas.

Justo cuando se encontró ante ella, se dio cuenta, no sin una fuerte conmoción, que ésta era exactamente la tumba que veía en sus sueños. Y en la lápida se podía ver esculpido el nombre de Benedikt.[75]

Éste es otro caso detallado presentado por Stevenson, del que convence la exactitud científica en la comprobación de los detalles.

---

75. Hartwig Hausdorf: *Rückkehr aus dem Jenseits. Das geheimnisvolle Phänomen der Wiedergeburt* (Regreso del Más Allá. El misterioso fenómeno del renacimiento); Múnich, 1998; p. 187.

«En mayo nació en la aldea de Kyar-Kan una niña de nombre Ma Htwe Win. Le faltaba el dedo meñique de la mano izquierda. En el muslo izquierdo tenía una evidente estenosis, al igual que un poco más arriba de la articulación del pie derecho. Todo esto se puede ver claramente en la ilustración que aparece en su libro *Pruebas de la reencarnación*. Aparecía también una estenosis similar en la raíz de los dedos de la mano derecha, así como lunares en el pecho izquierdo por encima del corazón y en la cabeza.

Su madre había tenido un sueño horrible en el tercer mes de embarazo. En él había cuatro hombres y uno de ellos, al que parecía que le habían amputado la parte inferior de la pierna, la perseguía por todas partes. Incluso dentro de su propia casa. Ella corría para salir de allí, y él seguía persiguiéndola. La mujer le dijo que la dejara tranquila y se despertó. Cuando por fin logró volverse a quedar dormida, vio de nuevo a este hombre con el muñón en la parte inferior de la pierna. Se despertó una vez más.

Cuando tenía dos años, Ma Htwe Win, en presencia de su abuelo, señaló su pierna y dijo: "Abuelo, fíjate lo crueles que han sido conmigo".

A su pregunta de quién había sido tan cruel con ella, Ma Htwe Win respondió que ella había sido un hombre llamado Nga Than, que había muerto asesinado a manos de Than Doke, Nga Maung y Chan Paw. Cuando los padres de la niña regresaron del campo, el abuelo les contó lo que la muchacha le había dicho. Según fue pasando el tiempo, Ma Htwe Win fue recordando cada vez mejor los detalles del asesinato. Les explicó a sus padres que el día en que éste se produjo se vio a sí misma enfrentada a tres agresores con sables. Ella era aquel hombre y se defendía lo mejor que podía con un sable que, de repente, se quedó clavado en un muro. Al no poder seguir defendiéndose, aquellos hombres le apuñalaron, le cortaron algunos dedos y le golpearon en la cabeza. Cuando le dejaron tendido en el suelo, aún no estaba totalmente muerto, porque aún pudo oírles discutir sobre cómo era la mejor manera de ocultar el cadáver. Decidieron cortar el cuerpo en trozos tan pequeños como les fuera posible para poderlo meter sin problemas en un saco de tamaño mediano. Por esta razón le ataron las piernas y tiraron de ellas. Así pues lo metieron en un saco y lo lanzaron a un pozo seco. En otra ocasión, la niña contó que la mujer de Nga Than había tenido una relación amorosa con su amigo Than Doke, y que por esto los dos hombres se habían enfrentado. Nga Than tenía una tienda de comestibles y habían sido sus propios socios los que le habían asesinado. También habló de la existencia de un hijo.

Como se descubrió más tarde, había sucedido lo siguiente: la mujer del asesinado quería quitarle de en medio y había pagado a los tres hombres para que hicieran ese trabajo. Cuando se le preguntó por la desaparición de su marido, ella respondió que se había ido al sur. El abandono repentino de una pareja solía ocurrir con frecuencia, y por esa razón la policía no había investigado al respecto. Esta mujer se casó con Than Doke, uno de los tres asesinos. Pero cuando un día, estando éste bebido, se peleó con ella, hubo una persona que escuchó cómo el hombre relataba el asesinato y descubría dónde se hallaba el cuerpo. Esta persona informó a la policía, que efectivamente encontró el cadáver en un pozo seco. La mujer y el asesino de su primer marido fueron atrapados, pero pronto los pusieron en libertad de nuevo, pues según parece no había pruebas suficientes.

Es interesante la circunstancia de que la madre embarazada pasara por el pozo justo en el momento en que la policía rescataba el cuerpo del asesinado. La noche siguiente, la mujer tuvo los dos sueños relatados más arriba sobre el hombre que la perseguía. El hecho de que le viera con un muñón en la parte inferior de la pierna, se debía a que sus asesinos se la habían arrancado al tirar de ella. Su hija recordaba cómo ella misma pudo contemplar —seguramente en forma de espíritu o como un ser flotante— la manera en que se sacaba su cuerpo del pozo. Recordaba además cómo después había visto a esta mujer embarazada y cómo se había mezclado entre los presentes. Allí había sentido el deseo de elegirla como su futura madre y por esta causa la había seguido.

Por lo que parece, los padres guardaron silencio sobre quién era en realidad su hija. Pero a petición suya, un día la llevaron a la tienda de comestibles que regentaba la mujer del asesinado. Una vez allí entró un joven en la tienda que era poco más alto que Ma Htwe Win. Ella le reconoció de inmediato; se trataba de su hijo. El muchacho le pidió a la madre algún dinero. Antes de que ésta pudiera reaccionar, Ma Htwe Win le dijo a su madre que le diera algunas monedas y se las entregó al chico. Después, tal como se cuenta que pasó, los dos niños se agarraron de las manos y lloraron juntos. De pronto, la hija urgió a sus padres a que se marcharan de la tienda, porque venía Doke. Afuera, su padre le preguntó quién era ése Doke, a lo que ella contestó que se trataba de su asesino.

Ma Htwe Win se sentía en su interior más como un chico que como una chica, y deseaba llevar las ropas propias de aquel sexo, a lo que su madre fisiológica se opuso. No obstante, cuando Stevenson la buscó para obtener más detalles sobre su historia, llevaba pantalones cortos, lo que resultaba muy impropio para una chica en aquel país. Se avergonzaba de su pierna y declaró su firme voluntad de vengarse de su asesino. Al recordarle que seguía siendo una muchacha y que para su sexo no resultaba fácil la venganza, replicó que encontraría la manera de hacerlo. Cada uno de los lugares en los que había una marca en sus piernas se correspondían con exactitud con las zonas por las que el cuerpo había sido atado, lo que se pudo comprobar al descubrirlo. Hasta incluso se comprobó que al cadáver le faltaba el dedo meñique izquierdo. ¿Quién podría dudar en este caso de que se trata de una prueba irrefutable de una reencarnación?»[76]

Antes de tratar los resultados fundamentales de la terapia de la reencarnación, debemos presentar a los pioneros de la investigación sobre el tema, Helen Wambach y el doctor Joel Whitton.

✡ Descubrimientos de Helen Wambach

La psiquiatra norteamericana Helen Wambach está considera una de las más importantes investigadoras del tema de la vida antes de la vida. Los dos libros que publicó a finales de la década de 1970, *Vida antes de la vida* y *La peregrinación de las almas*, suponían un avance respecto al nivel en que se encontraba la investigación sobre la

76. Trutz Hardo: *Wiedergeburt. Die Beweise* (Renacimiento: las pruebas.); Múnich, 1998.

reencarnación. En el año 1978 comenzó una serie de investigaciones con 750 personas. Las hipnotizó y las hizo retroceder a una vida anterior. Un 90 por ciento realizó un informe detallado y convincente de una vida anterior a la vida. De ellos le interesaban a la investigadora, sobre todo, los datos históricos que pudieran aportar sobre determinados períodos de la Historia. Dichos datos quedaron confirmados por los historiadores.

En el transcurso de su investigación, Helen Wambach hizo algunas preguntas como: ¿Cuándo se une el alma al feto? ¿Es consciente el alma del niño de los sentimientos de su madre? ¿Equivale el aborto a la destrucción del alma humana?

El análisis de los 750 casos dio como resultado que el 89 por ciento de las personas investigadas respondían que no se sentían parte del feto hasta el sexto mes de embarazo. Algunos declaraban haber estado tanto dentro como fuera del cuerpo fetal. Su consciencia estaba separada de la consciencia del feto. El 33 por ciento afirmaban que se unían con el feto poco antes o durante el nacimiento. Casi todos decían que eran conscientes —seguramente por telepatía— de los sentimientos de la madre antes o durante el nacimiento. El alma tenía claramente la opción de decidir qué feto elegía. Así pues, cuando se producía un aborto, se podía elegir otro feto.

Elisabeth Kübler-Ross escribió lo siguiente sobre el aborto en uno de sus últimos trabajos: «Puesto que toda alma es parte de Dios, es omnisciente. Conoce al padre y a la madre que se ha buscado. ¿Cree de verdad que un alma tal, que transporta en sí misma toda la sabiduría de Dios, entraría en un feto que ha de ser abortado y destruido? Eso no lo haría nunca. Estas almas sencillamente se buscan otros padres más sensibles. El aborto no es, pues, la muerte de un ser humano dotado de alma. Lo único que se mata es algo que debería hacer la función de un templo al que se mudaría el alma humana. No es la muerte de un ser humano. Es importante hacer esta distinción».[77]

77. Elisabeth Kübler-Ross: *Der Liebe Flügel entfalten* (Desplegar las alas del amor); Neuwied, 1996; pp. 49 y siguiente.

Las personas investigadas por Helen Wambach informaban de lo siguiente: «... me encontraba fuera del feto, a la espera de que estuviera listo para el nacimiento...».

«Me uní con el feto en algún momento a finales del noveno mes... No pude tener una clara impresión de dónde me había encontrado antes del nacimiento. Parecía estar confundido y sentí que de alguna manera censuraba el hecho de unirme a aquel feto y tener que llevar aquella vida.»

«Tengo la sensación cierta de que no entré en el feto hasta el último minuto. Me hallaba en algún otro lugar feliz y muy ocupado. No me interesaba en absoluto pasar ni un solo momento en el feto.»[78]

Helen Wambach investigó también la experiencia de nacer. El 84 por ciento de las personas investigadas revivieron el momento del parto a través de la hipnosis. La mayoría sentía un malestar específico, un cierto grado de tristeza. Los sentimientos de tristeza parecían estar relacionados con el hecho de ser expulsados del cuerpo, con tener que estar encerrados en un cuerpo físico después de haber tenido la experiencia de la libertad en una fase intermedia. En este bardo existe el alma claramente en un entorno totalmente diferente. El alma de un niño pequeño se siente como separada, empequeñecida, como dejada sola. Lamenta el distanciamiento de la «tierra de la luz» que perdió el alma, ahora encarnada en un cuerpo terrenal, al entrar en el mundo: «La experiencia del canal del parto es para mí como pasar de un espacio amplio a otro estrecho...». «... Después de nacer, me sentí cansado y no muy feliz y seguía teniendo reservas frente a esta vida. Percibí luces demasiado luminosas y frío, y me encontré muy lejos de...». «La experiencia del canal del parto fue desagradable, y la sensación de que no deseaba nacer era muy fuerte. Quería cambiar mi decisión. Mis percepciones sensoriales después del nacimiento fueron de confusión y tristeza y de falta de calor a mi alrededor. Toda la experiencia del nacimiento fue algo así como un "viaje" aburrido y desagradable, con el fin de realizar algo durante la vida. Sentí una

78. Helen Wambach: *Leben vor dem Leben*; Múnich, 1980, p. 102 y siguiente. (*Vida antes de la vida: ¿hay vida antes de nacer?*; Edaf, 1983.)

presión». «... no me gustó nada la idea de estar encerrado en un pequeño cuerpo, pero de alguna forma acabé diciéndome a mí mismo: "Bueno, no parece que haya otra posibilidad". Y me dejé caer como uno lo hace en el agua fría». «... Fue como si mi espíritu fuera demasiado grande para aquel pequeño cuerpo ...».[79]

Las investigaciones de Helen Wambach fueron y siguen siendo hoy en día tan valiosas, porque esta autora no aporta ningún recuerdo individual sobre la vida anterior como prueba del renacimiento. Buscaba pruebas estadísticas y por ello trabajaba con grupos en investigaciones grandes.

Hasta su muerte en el año 1985 vivió en California y trabajó como psicoterapeuta de la hipnosis con consulta propia. Buscó pruebas estadísticas —rechazó los recuerdos individuales— con un cuantioso número de muestras escogidas al azar. En el transcurso de diez años reunió 1.088 exposiciones detalladas de vidas anteriores, conseguidas a través de un elevado número de sesiones hipnóticas y de los correspondientes cuestionarios utilizados en ellas. Al mismo tiempo, analizó la experiencia de la muerte en las distintas épocas de la Historia.

En lo que respecta a las experiencias cercanas a la muerte hay cientos de miles de casos analizados en todo el mundo desde que Moody se ocupó del tema. Wambach pedía a las personas investigadas que revivieran la experiencia de muerte en una vida pasada una vez más, para comprobar así si sus relatos se correspondían con los de las investigaciones de las ECM. Conviene observar que en el momento en que hacía sus investigaciones acababa de aparecer el libro de Moody, con lo que quizá pudo leer o escuchar algunas experiencias de las que aparecían en dicho libro. La uniformidad de las exposiciones no puede haber sido la causa de la coincidencia de los relatos. La doctora Wambach les pedía a las personas investigadas que describieran en un cuestionario lo que se encontraron en la muerte. Debían describir la manera en la que murieron y sus emociones después de la muerte. No les contó nada de ninguna luz, ni de

79. Helen Wambach, pp. 124, 126 y 143.

un túnel ni de encuentros con los muertos. El resultado fue sensacional: el 90 % de todas las personas investigadas, que revivieron la experiencia de la muerte en otra vida a través de la hipnosis, la juzgó como ¡positiva! El 49 % sintió paz y tranquilidad. Un 30 % se encontró profundamente aliviado y un 20 % vio su cuerpo después de la muerte, flotó sobre él y observó todas las acciones que se desarrollaban alrededor de él. Para la doctora Wambach, la experiencia de la muerte es lo más positivo de toda la sesión hipnótica. Hasta incluso las personas con miedo a la muerte pierden este miedo.

Un ejemplo: «La muerte fue un alivio, como un regresar a casa. Cuando abandoné el cuerpo y floté en dirección a la luz, fue como si me hubieran quitado una pesada carga. Sentía un cierto apego al cuerpo en el que había vivido en esta vida, pero ¡fue maravilloso verse libre!».[80]

«Los ojos se me llenaron de lágrimas de alegría, cuando usted nos llevó a la experiencia de muerte», dijo una persona . «Pude notar cómo las lágrimas me corrían por las mejillas. Todo mi cuerpo se sintió terriblemente ligero después de haber muerto.»[81]

Sólo un 10 por ciento moría excitado o triste, pero estos sentimientos estaban provocados por la forma de morir o bien remitían a personas que dejaban abandonada a la familia.

«No me siento feliz, porque dejo a dos niños. Me preocupa quién va a ocuparse ahora de ellos y no me deshago del todo de mi cuerpo, porque quiero intentar consolar a mi marido.»[82]

Pero también un accidente o una muerte violenta produce confusión: «Me atropelló un coche cuando cruzaba la calle. Tuve la sensación de que seguía andando por ella y no fui consciente de que estaba muerto. Después me quedé muy decepcionado y me sentí perdido, porque no podía entender lo que me había ocurrido. Al final

80. Helen Wambach: *Seelenwanderung - Wiedergeburt durch Hypnose* (La peregrinación de las almas. Renacimiento a través de la hipnosis); p. 151.
81. *Ibid.*, p. 152.
82. *Ibid.*

me encontré en un lugar oscuro, pero descubrí una luz clara. A continuación, floté en la oscuridad en dirección a dicha luz».[83]

Algunas personas que tuvieron sentimientos negativos al morir eran caídos de los tiempos de guerra. El estudio demostró a este respecto que la mayoría de las muertes violentas en el transcurso del siglo xx fueron consecuencia de los bombardeos sucedidos durante la Segunda Guerra Mundial. Muchos de los interrogados describieron con todo tipo de detalles cómo murieron a consecuencia del humo que se producía durante los bombardeos. Se trataba, pues, en este caso, de hechos históricos, imposibles de haber sido inventados por las personas en cuestión.

«Estaba luchando y, de repente, mi cuerpo se derrumbó. Seguí luchando, pero lo que hacía no valía para nada. Aún me encontraba en el campo de batalla, sin embargo tuve la impresión de que a mí se unían otros caídos. Por lo que parecía, era incapaz de abandonar aquella escena...»[84]

Otros se sintieron tristes por la propia tristeza de sus parientes. El 25 por ciento de los encuestados comentó que había estado en la oscuridad por un corto período de tiempo, para después entrar en una luz reluciente. Aún más: un tercio experimentó la elevación directa hacia la luz y tuvo la sensación de ser aceptado en una comunidad, y se encontró con antepasados o amigos muertos hacía algún tiempo: «Después de haber dejado mi cuerpo, volé directamente hacia el cielo. No quería mirar atrás. Después me pareció estar rodeado por otros que me daban la bienvenida a la nueva vida. Tuve la sensación de haber llegado a casa y fui muy feliz. A mi alrededor sólo había vida».[85]

La doctora Wambach dedujo de sus investigaciones que todos somos capaces de recordar una vida anterior, siempre y cuando nuestro subconsciente lo permita. Una regresión se ve bloqueada cuando la persona teme revivir lo que vivió en una vida anterior a su muerte. No obstante, parece, a juzgar por los resultados, que sólo el diez por

83. Helen Wambach, p. 152.
84. *Ibid.*
85. *Ibid.*

ciento sufre bajo dicho trauma. Lo fascinante del trabajo de Helen Wambach es que ha confirmado totalmente los resultados de las investigaciones sobre las experiencias cercanas a la muerte en su terapia hipnótica.

A lo largo de diez años, en más de dos mil sesiones, la doctora Wambach hipnotizó a todas las personas sometidas a prueba simultáneamente. Las transportó de vuelta a su pasado —y lo hizo cuatro veces en cada sesión—, pero con diferentes objetivos y dos técnicas básicas: Wambach hacía retroceder en el tiempo a dichas personas (a algún punto entre el 1800 a. C. y el 2500 d. C.); después llegaba con ellas a interesantes progresiones en el futuro o a determinados lugares o circunstancias históricas. Su trabajo de investigación es en la actualidad uno de los más destacados y el pionero de las investigaciones sobre la reencarnación.

✵ Vida en medio de la vida: «recordar»

El Libro tibetano de los muertos llama bardo al ámbito existente entre las encarnaciones. Se trata de nuestro hogar natural, al cual regresamos una y otra vez y desde el cual nos volvemos a encarnar.

En 1974, el psiquiatra canadiense Dr. Joel Whitton encontró por casualidad la vida en medio de la vida en una persona sometida a prueba. Whitton había procurado conseguir con anterioridad, sobre todo, pruebas concluyentes de la reencarnación. Para el concepto de bardo, él acuñó el término de «subconsciente»: «Es un estado de consciencia superior, que no se puede comparar con nada que experimentemos en la Tierra, al menos no en nuestra experiencia habitual de espacio y tiempo. Más allá del nacimiento y la muerte, todo sucede a un tiempo. Es una panorámica holográfica, en la cual esta esfera del subconsciente se experimenta como real. Es nuestro verdadero hogar.»

«Me ha permitido usted despertar en un mundo irreal. Ahora sé dónde debo buscar la verdadera realidad.»

«Es tan claro, tan bello, tan alegre. Es como si se entrara en el Sol y se fuera absorbido por él sin sentir el calor. Uno se sumerge de nuevo en la totalidad de la vida. No deseaba regresar en absoluto.»

El bardo significa unificarse con la quintaesencia de la vida. Es la liberación de todas las presiones corporales y contribuye al propio reconocimiento, pero sin ego.

«Nunca me había sentido tan bien. Éxtasis ultraterrenal. Una luz reluciente, muy reluciente. Ya no tenía cuerpo como en la Tierra. En lugar de eso tenía la sombra de un cuerpo, un cuerpo astral, y no había nada que tocara con los pies... No hay ningún límite ni frontera de ningún tipo. Todo está abierto. Allí, además, uno se encuentra con otra gente y, cuando deseamos comunicarnos algo, podemos hacerlo sin necesidad de escuchar ni hablar.»

Eso a lo que llamamos muerte es sólo un tránsito, un paso a la existencia incorporal. Las personas que han tenido experiencias cercanas a la muerte, que hablan de una luz deslumbrante que entrega amor y de una panorámica vital, sólo han experimentado un instante de la vida después de la muerte. En los relatos de los retornados por el doctor Whitton, todo sucede *al otro lado* a un mismo tiempo; por eso, estos relatos son fragmentarios, porque, por así decirlo, se los extrae del todo.[86]

Por otro lado, las coincidencias entre lo experimentado y las ECM son asombrosas. Las personas sometidas a prueba informan de que han podido observar su cuerpo por debajo de ellos mismos, antes de verse arrastrados rápidamente a través de un alto túnel cilíndrico. Se dieron cuenta de que estaban muertos y de que habían dejado el cuerpo físico. En la mayoría de los casos perdieron todas las cadenas terrenales muy pronto, dadas las maravillosas y únicas impresiones del mundo ultraterrenal. Al final del túnel, del camino al otro mundo, muchos se encontraron a sus antepasados y amigos muertos o a su guía espiritual. La percepción de la luz es expresión de la inmensa experiencia de la consciencia cósmica. Es el amor universal.

---

86. Joel L. Whitton y Joe Fisher: *Das Leben zwischen den Leben* (La vida en medio de la vida); Múnich, 1989.

El extraordinario éxtasis hace desaparecer toda imagen negativa, es la felicidad que nosotros no conocemos de esta manera en la Tierra. Nos damos cuenta de cuál es el lugar que ocupamos en el orden universal.

Entendemos el significado de la existencia personal después de la muerte, la esencia de la inmortalidad y el proceso de la reencarnación. Hay quien percibe diferentes tonos de color que, dada su magnificencia, no se pueden comparar con los colores del espectro terrenal. Otros consiguen una explicación para determinados conocimientos de ámbitos por los que están interesados. Para las personas con una determinada idea religiosa del Más Allá, se cumplen sus esperanzas: el encuentro con los ángeles o incluso con Jesucristo.

Los pensamientos y las esperanzas del individuo se reflejan directamente en el entorno del alma. Todo morador del bardo modela su ambiente según el contenido de su pensamiento.

«Veo magníficos palacios y maravillosos parques. Estoy rodeado de formas abstractas de diferentes tamaños; unas alargadas, otras cilíndricas.»

«Paisajes y más paisajes, y olas que golpean la orilla.»

«Recorro a pie una nada interminable, no hay suelo, ni techo, ni Tierra ni cielo.»

«Todo es increíblemente bello. No existen los bienes materiales y sin embargo, todo está allí... iglesias y escuelas, bibliotecas y parques.»

Varias de las personas sometidas a investigación por el doctor Whitton contaron que durante el trance habían visto escrito el nombre de su identidad interior («superalma») en un idioma desconocido. Pero todo intento de pronunciar este nombre fue un fracaso.

Cuando en la vida comprendida entre la muerte y el renacimiento se vive un infierno personal, es porque es el momento en el que el alma inmortal ha de presentarse ante el Tribunal. Los tormentos infernales son el arrepentimiento, el sentimiento de culpa y los reproches a uno mismo a causa de algún rechazo en la encarnación pasada.

Todo sufrimiento emocional que una persona haya infligido a otra lo siente en este momento como si fuera ella misma la que lo debiera soportar. Pero el conocimiento más duro es reconocer que la puerta de la vida anterior está cerrada: las consecuencias de los actos realizados han de ser soportadas ahora, en el transcurso de este último arreglo de cuentas. Tenemos que informar sobre quién somos y sobre aquello de lo que somos responsables. Nos juzgamos a nosotros mismos y, durante este proceso, los seres presentes reflejan una energía liberadora y vivificadora que expulsa todas las cargas y los sentimientos de culpa del alma.

«La vergüenza no me permite mirar a los tres Jueces. Y no obstante, me rodea el calor luminoso de los rayos azules y de la paz, una paz cuya profundidad soy incapaz de sondear.»

«Justo entonces, que tenía que estar ante aquel Tribunal, me entró el miedo. Pero pronto me di cuenta de que no había ninguna razón por la que sentir dicho miedo. Aquel Tribunal irradiaba tanta comprensión y amabilidad que los temores desaparecieron.»

Con el fin de realizar el autoexamen, se le presenta al alma un recorrido retrospectivo por la vida pasada a manera de una instantánea, de una vista panorámica. Aquí se abre todo un mundo cuya existencia le era desconocida antes al individuo. La imagen total de su vida se presenta en todos sus detalles, y lo hace de una forma tan clara que el alma será consciente por primera vez de cuándo ha desperdiciado una felicidad tan añorada, de cuándo ha hecho daño a los demás por descuido o de cuándo se ha visto amenazada por un inmediato peligro vital.

El alma reconoce el significado de todos los acontecimientos, aunque aún parezca no tener importancia. Es el momento de la verdad, el momento del reconocimiento más profundo de uno mismo. El alma ha de reconocer qué tendencias kármicas y qué modelos de conducta han influido en su desarrollo. Con frecuencia, al alma se le permite observar encarnaciones anteriores para poder comprender más ampliamente el sentido de la vida individual. Se trata de recordar el hogar perdido.

El conocimiento más significativo que obtuvo el doctor Whitton en el transcurso de sus trabajos de investigación es la comprobación de que mucha gente planea con antelación su vida futura durante el estado de incorporeidad. En estos casos, el alma no decide sola, sino que se ve ayudada por el Tribunal. Parece que a todos se les da la posibilidad de elegir a sus padres, así como la disposición de los acontecimientos externos y de la dirección que debe tomar la vida futura. Se trata de las necesidades del alma, no de sus deseos. «Me ayudan a preparar la próxima vida de tal manera que sea capaz de acabar con todas las dificultades que pueda encontrarme. No me gustaría tener que ser el responsable de esto, porque no me encuentro lo suficientemente fuerte para ello. Pero sé que tenemos que tropezar con los obstáculos para ser capaces de superarlos y para ser más fuertes, más cuidadosos, más conscientes de nuestra responsabilidad y poder seguir desarrollándonos.»

«Hay personas a las que no traté bien en mi última vida, y por esa razón he de regresar a la Tierra y pagar mi culpa. Si esta vez ellos me hicieran daño, entonces los perdonaría, porque sólo depende de mí el regresar a casa. Ése es mi hogar.»

Hay algo que queda claro, y es que las almas altamente desarrolladas sólo siguen una determinada dirección básica como plan para su próxima vida, por lo que tienen que desarrollar más iniciativas propias cuando se ven en situaciones difíciles. Las almas menos desarrolladas necesitan un plan preparado en todos sus detalles.

Las personas con almas altamente desarrolladas pasan una gran parte de su tiempo en el bardo dedicadas a intensos estudios. Las almas materialistas utilizan la primera ocasión que se les presenta para volverse a encarnar. Pero son pocas las almas ambiciosas que se abandonan a un sueño profundo hasta que se vuelven a encarnar.

Las investigaciones sobre el ámbito intermedio entre vidas han desvelado que mucha gente aprovecha la oportunidad a manera de aprendizaje intensivo. Así, en el Más Allá existen escuelas, aulas y bibliotecas con el fin de profundizar en cualquier conocimiento, sobre todo —claro está— en el conocimiento metafísico y en las leyes del universo. Lo que toda persona intenta es encontrar el camino hacia Dios.

Una mujer cuenta: «Estamos creados a imagen de Dios y precisamente que le encontremos depende del hecho de que seamos semejantes a Él. Hay muchos planos superiores para llegar a Dios y para alcanzar los planos en los que le podemos encontrar, tenemos que desnudarnos hasta que nuestra alma sea libre. El proceso de aprendizaje no acaba nunca. A veces se nos permite echar un vistazo en estos planos superiores; cada uno de ellos es más claro y luminoso que el anterior.»

La muerte es en realidad el retorno al verdadero hogar, mientras que con el nacimiento se inicia el primer día de una empresa difícil y agotadora. La mayoría, contra su voluntad, piensa sólo en cambiar el bardo intemporal por la estrechez de la existencia materialista.

El tiempo que un alma incorpórea ha de pasar entre las encarnaciones es diferente en cada persona y varía también de una vida a otra. Según parece, sólo se puede oponer resistencia a una encarnación durante un corto tiempo, hasta que la presión cósmica se hace tan grande que el alma se ve forzada a continuar su desarrollo en un cuerpo nuevo. Lo menos que dura, según el doctor Whitton, es diez meses y lo máximo es ochocientos años. La media está hoy en día en unos cuarenta años, condicionados por la constante transformación de la vida en los tiempos modernos, un factor que posiblemente explique también el exceso de población. Los terapeutas de la hipnosis han comprobado por todo el mundo, a través de las regresiones, que muchos clientes habían nacido incluso varias veces en el mismo siglo XX, lo que debe estar en relación, en último término, con las dos grandes guerras mundiales. Muchos de los que murieron en la Segunda Guerra Mundial habrían nacido justo nada más terminar ésta.

Antes de que el alma entre en el plano terrenal, atraviesa una barrera etérea, cuyo traspaso retrasa la frecuencia de vibración de la consciencia. Al otro lado de esta barrera —el clásico río del olvido— se desintegra el recuerdo del bardo. Este olvido tiene la función de que el alma no recuerde permanentemente la felicidad del estado incorpóreo. El alma nuevamente encarnada olvida, además, todos sus planes para la vida futura.

Según parece, el alma se hace consciente del hecho de que se encuentra en un cuerpo nuevo, unos meses antes del nacimiento, o justo al abandonar el seno materno. A este respecto no existe un claro acuerdo sobre si el alma toma posesión del nuevo cuerpo mucho antes del nacimiento, en el mismo momento de éste o inmediatamente después.

✿ Reencarnación y psicoterapia

El espectro de la moderna psicoterapia abarca una serie de técnicas que tienen claramente la capacidad de hacer conscientes los recuerdos de una vida anterior. Según el punto de vista de la psicología tradicional, esto —por supuesto— no puede existir, porque la mayoría de las teorías sobre la personalidad se basan en el «concepto del mundo único».

Los métodos utilizados con más frecuencia para despertar los recuerdos de una vida anterior son la hipnosis o el traslado al llamado «estado alfa».

Al hacer conscientes acontecimientos dramáticos de una vida anterior se producen curaciones extraordinariamente rápidas y radicales, que a menudo ni siquiera los terapeutas aciertan a explicar. Los trastornos mentales y corporales graves desaparecen prácticamente en nada, cuando los recuerdos horribles y turbadores despiertan de forma misteriosa la comprensión del propio yo y liberan al paciente de las necesidades anímicas.

El doctor Brian L. Weiss es psiquiatra y psicoterapeuta con consulta propia en Miami y ha sido durante años el director del departamento de psiquiatría del Mount Sinai Hospital de dicha ciudad. Su carrera transcurrió de forma gradual hasta que conoció a su paciente Catherine, cuyo caso describe en su libro *Las numerosas vidas del alma*.

Catherine sufría miedos, ataques de pánico que la paralizaban, depresiones y pesadillas que se repetían una y otra vez a lo largo de toda su vida. Las psicoterapias convencionales no la habían ayudado de ninguna manera.

Acabó dejándose llevar a un profundo estado de trance a través de la hipnosis. Cuando Brian Weiss le dio la orden de regresar al momento en el que los síntomas tuvieron su origen –y esto sin ninguna limitación temporal–, esperaba que se presentara su infancia más temprana.

En lugar de esto, Catherine se remontó a casi cuatro mil años atrás en una vida situada en el Oriente Próximo. Habló de diferentes episodios de esta vida hasta que se ahogó en un río o en una riada.

Su relato se identificaba con las experiencias cercanas a la muerte, igual que si la hubiera descrito Kübler-Ross, Moody, Ring o cualquier otro. Brian Weiss nunca había tenido una experiencia así con ningún paciente. En posteriores sesiones, Catherine fue llevada a otras vidas anteriores, y sucedió lo inesperado: el estado de la mujer mejoró de forma radical. Semana tras semana, los recuerdos de otras vidas anteriores fueron desatando los síntomas antes tan persistentes. Al cabo de unos pocos meses, la paciente estaba curada. El doctor Weiss se hallaba desconcertado y ya no sabía lo que creer.

Después, la mujer le habló en aquella oscura sala de tratamiento de cosas de la vida del propio doctor Weiss que ella no podía conocer en absoluto: «Su padre está aquí y también su hijo, que aún es un niño pequeño. Su padre piensa que usted le conoce, porque su nombre es Avrom y la hija de usted recibió su nombre por él. Murió, según cuenta él, a causa del corazón. También en el caso de su hijo fue el corazón. Su amor le hizo hacer un sacrificio tan grande por usted. Su alma está muy desarrollada… y su muerte paga la culpa de sus padres. También deseaba mostrarle a usted que la medicina tiene sus fronteras, y que sus posibilidades son muy limitadas».[87]

El doctor Brian Weiss confirmó después que su hijo Adam murió en 1971 a los 23 días de haber nacido, porque las venas pulmonares estaban mal dirigidas y entraban en el lado incorrecto del corazón (una enfermedad extremadamente poco corriente).

Su padre murió en 1979, y su nombre hebreo era Avrom. Cuatro meses después de su muerte, se le dio nombre a su hija Amy por su padre. Él sabía que su paciente no podía haber oído en ninguna parte estas cosas sobre su familia. Por lo demás, esta mujer se curó de los síntomas que la atormentaban gracias a los retornos a vidas anteriores.

Desde entonces, su modo de ver la psicoterapia cambió radicalmente. Se dio cuenta de que una regresión contribuye muy directamente en la curación de miedos y dolores. Hasta el día de hoy ha tras-

87. Brian L. Weiss: *Heilung durch Reinkarnationstherapie. Ganzwerdung über die Erfahrung früherer Leben* (Liberación gracias a la terapia de reencarnación. Nacer nuevamente a través de la experiencia de una vida anterior); Múnich, 1995; p. 19.

ladado a una vida anterior a cientos de personas en particular y miles en grupo: desde médicos a abogados, desde empleados a amas de casa, trabajadores, personas de todas las capas sociales de la población. Todos ellos perdieron sus fobias específicas, los ataques de pánico y las pesadillas que se repetían una y otra vez, sus miedos infundados, sus relaciones destructivas recurrentes, sus enfermedades psíquicas, etc…

Más importante que la curación de síntomas emocionales específicos es la constatación de que no morimos cuando muere el cuerpo. Somos inmortales. Sobrevivimos a la muerte física.

✵ Hipnosis y regresión

Siguiendo los conocimientos del doctor Weiss, y gracias a la hipnosis en combinación con la terapia de la regresión, penetramos mucho más profundamente en el inconsciente que con las técnicas del psicoanálisis. De esta manera se sacan a la luz capas más profundas que las que podemos alcanzar a través del pensamiento consciente. Se trata, pues, de fragmentos reales de memoria extraídos de la experiencia humana correspondiente a cualquier momento situado entre el pasado y el presente; pero no nos estamos refiriendo a los arquetipos de Jung, o sea, al inconsciente colectivo. Los modelos traumáticos, que se repiten de forma diferente en vidas distintas, se vuelven a identificar en estado de trance: por ejemplo, abusos sexuales por parte del padre, el alcoholismo que destroza y arruina la vida, el amor, el odio, etc.

Los recuerdos de acontecimientos reales en una vida anterior se producen según dos modelos: el primero es el llamado *modelo clásico*. El paciente está en condiciones de hacer una exposición muy detallada de su existencia y de los frutos de ésta: es un repaso de la vida desde el nacimiento hasta la muerte. Observa la escena de la muerte con claridad y sin dolor y se produce durante la terapia una visión retrospectiva de la vida pasada. A la luz de una sabiduría superior se ilustran una vez más las obras vitales (panorámica vital en las ECM).

El segundo modelo de recuerdo es el *esquema de la experiencia crucial*. En este caso, el subconsciente vincula los momentos más importantes o relevantes de varias vidas, o sea, las experiencias cruciales que aclaran mejor el trauma oculto y consiguen la curación para el paciente de la manera más rápida y eficiente. El recuerdo de una vida anterior es una posibilidad entre muchas de realizar una experiencia intuitiva. Todo aquel que lo haya experimentado —sea en forma de una sugestión, una predicción, una experiencia divina o un sueño— sabe lo valioso y lo energético que esto puede ser y cómo conduce a una mejoría claramente visible de la calidad de vida.

Afinidades espirituales

Uno de los resultados más fascinantes de las primeras investigaciones sobre la reencarnación es la comprobación de que los hombres están unidos eternamente los unos a los otros a través de su amor. Se encuentran en una vida detrás de otra, una y otra vez, y depende de nuestra propia decisión el que reaccionemos o no al encuentro con un afín espiritual. Una oportunidad desaprovechada puede llevar a una gran soledad y un gran sufrimiento; por el contrario, la elección correcta conduce a una inmensa alegría y una felicidad personal.

Brian Weiss presenta en su libro *El amor es atemporal. Una historia verdadera*, a Elizabeth y Pedro, dos personas que ya fueron pareja sentimental en una vida anterior y que según parece, se perdieron el uno al otro. Sin conocerse entre ellos, los dos acuden al mismo psiquiatra —el doctor Weiss— a causa de profundas depresiones y por la necesidad de superar un terrible miedo a iniciar una relación. En un determinado momento en el transcurso de la terapia de regresión, el doctor Weiss descubre coincidencias en las vidas pasadas de ambos.

El doctor Weiss es un psiquiatra y terapeuta norteamericano de la regresión muy famoso. En los últimos quince años ha tratado a muchas familias y parejas, a los que ha hecho retroceder a vidas anteriores donde han reconocido a su pareja actual o a personas queridas. Algunas parejas ya habían estado juntas en vidas anteriores y describieron los mismos recuerdos y situaciones.

En el caso de Pedro y Elizabeth fue justo al contrario. La vida de ambos, así como las vidas anteriores, se presentaron de forma independiente y separada una de otra en la consulta del doctor Weiss.

Cuando el psiquiatra por fin descubrió la relación de sus dos vidas anteriores, se vio ante un importante conflicto de conciencia, porque no debía intervenir. El doctor Weiss decidió citarlos a los dos a la misma hora. Allí se encontró la pareja, pero no se reconocieron de inmediato. Al final intervino el destino: debido a un vuelo perdido, Elizabeth tuvo que tomar el mismo avión de Pedro. Él la vio, la reconoció por la consulta y entablaron conversación. Como consecuencia de una turbulencia durante el vuelo, Pedro la tomó de la mano: la unión de las almas estaba servida. En la actualidad están felizmente casados y tienen una hija.

Una afinidad espiritual se caracteriza porque se reconoce con el corazón y no con ilusiones o embaucando al entendimiento. El corazón no se deja engañar. Está en condiciones de rasgar el velo del tiempo a través de un simple roce o un gesto de confianza, y de recordar a los demás como almas conocidas de mucho tiempo atrás. El estómago se contrae, los brazos se cubren de piel de gallina, el mundo que gira alrededor del individuo se hunde. El momento se hace presente, y este presente es todo lo que cuenta. Se sabe, uno se da cuenta, se siente: ¡somos el uno para el otro! Y cuando ambos se reconocen, se produce un estallido de tremenda pasión. La energía es aplastante. La afinidad espiritual es una sensación de confianza, el conocimiento de que una persona extraña entra en la profundidad de la personalidad, en ámbitos que hasta entonces sólo se han compartido con los parientes más cercanos: se trata del conocimiento intuitivo de lo que piensa el otro, siente o va a decir y la confianza que nace en un particular momento. Encuentros como éstos nos recuerdan que estaremos unidos hasta el final de los tiempos y aún más allá.

El reconocimiento de alguien puede ser el de un niño o el de los padres; puede ser el de la hermana o el del hermano o el de un buen amigo o también el de un desconocido; incluso puede ser el del gran amor que volvemos a encontrar tras muchos siglos.

El proceso de reconocimiento de un alma espiritual puede resultar también atormentador, sobre todo si el otro no siente, no quiere reconocer, porque está demasiado ligado a las imágenes externas. Los miedos, el intelecto, los propios problemas enturbian la vista, a veces de tal manera que se es incapaz de reconocer al otro con el corazón. En ocasiones, esto acarrea demasiadas preocupaciones y un excesivo sufrimiento, pero el otro no se da cuenta. No todo el mundo está en condiciones de ver claramente.

He aquí un buen ejemplo de ello. Una participante en uno de los seminarios de Brian Weiss contaba: «Desde que había sido niña, encontraba consuelo y liberación de sus miedos dejando caer una mano por un lado de la cama donde era acariciada con ternura por otra mano. Sabía que podía acudir a esta mano siempre que lo necesitara y hallar consuelo en ella... Cuando se quedó embarazada de su primer hijo, la mano desapareció. Echó de menos aquel cariñoso acompañamiento que daba tanta confianza. No había ninguna mano que pudiera agarrar la suya con tanto cariño. Después nació su bebé, una encantadora niñita. Poco tiempo después del parto, mientras ambas estaban en la cama, la niña le agarró la mano. Un fascinante y repentino reconocimiento de aquella antigua sensación de confianza invadió sus sentidos. Su protectora había vuelto. Lloró de alegría, sintió un arrebato de amor y una afinidad que iba mucho más allá de lo puramente físico».[88]

La imagen del reencuentro físico de familias, amigos y amantes de vidas anteriores se ha desarrollado de manera independiente a lo largo del tiempo y en las diferentes culturas. El poeta norteamericano Ralph Waldo Emerson expresó este hecho de la siguiente manera: «El que todas las cosas permanezcan y nada pase, es el misterio de esta vida; sólo se alejan un poquito del campo visual y después regresan de nuevo. Nada está muerto; los hombres se creen muertos y permiten que se hagan ridículas fiestas en su honor y se lloré su

88. Brian L. Weiss: *Die Liebe kennt keine Zeit. Eine wahre Geschichte* (El amor es atemporal. Una historia verdadera); Múnich, 1999; p. 54 y siguiente.

ausencia, pero allí están y miran por la ventana, sanos y salvos, con una vestimenta nueva y desacostumbrada».

En realidad, *todo* es amor. ¡Sólo a través del amor entendemos, comprendemos! Con la comprensión viene la paciencia. Y el tiempo se queda quieto, porque todo es el ahora. Todo está compuesto de energía. Todo es amor, lo que es el secreto de Dios. Los convencimientos y valoraciones falsos crean la ilusión de la diferencia, de la diversidad, del ser diferente a los demás. Son nuestros propios pensamientos los que crean nuestra propia realidad. Las dudas, las preocupaciones, los problemas y el miedo impiden el conocimiento del todo, que siempre está ahí y que es el amor. Pensar, los «síes» y los «peros», las vueltas y más vueltas, todo esto nos impide amar. Los miedos (como por ejemplo a las pérdidas de cualquier tipo) provienen de la infancia o de una vida anterior.

Pero no podemos perder nada. Lo peor que nos puede pasar no es ni mucho menos la muerte.

Vivimos eternamente, regresamos o elegimos otra existencia en otro astro o en el mundo espiritual. Lo único que siempre cuenta es el amor, porque es imperecedero. La muerte es sólo un tránsito, un paso a otra forma del ser, pero nunca un final, porque no existe el final del alma. Si cambiamos las perspectivas de las cosas, podemos configurar nuevamente y por completo nuestra vida. En realidad nunca estamos solos. Es el valor a arriesgarse lo que nos hace florecer otra vez y lo que permite darse cuenta de la inmortalidad: todo es forma, todo es vida, vida eterna, todo junto es Dios. No existe ninguna separación, no ha existido nunca y todo es amor. Si nos dejamos llevar por nuestra intuición, estaremos en condiciones de comprender más sobre el amor. Los ojos son las ventanas del alma. Un reconocimiento se da mejor durante una regresión, sin duda alguna, cuando un paciente mira a otra persona a los ojos. Cuando se recuerda una vida anterior, lo único que se necesita es mirar a los ojos a los afines espirituales para reconocer. Se reconoce la vibración, la energía, uno «se acuerda» de la irradiación de una persona querida y se percibe la profunda personalidad. Una sensación interna, que viene del corazón, produce de inmediato la unión. No se trata de la configuración física, ni de la forma o la diferencia; el alma es la misma. La vibración del alma nos habla, es reconocida.

La pregunta universal y atemporal de cómo reconoceremos a las personas que más queremos no está ligada, por supuesto, a una forma física. El reconocimiento de un alma se produce a través de un sentimiento interno hacia una energía muy especial, hacia la irradiación o la vibración de una persona querida. En nuestro interior disponemos de una sabiduría intuitiva que hace posible el reconocimiento.

Mucha gente habla de contactos con sus parientes queridos después de la muerte. Con frecuencia, éstos ayudan a la gente a reconocerlos, tomando la forma física en la que se les conocía antes, aunque se les ve más jóvenes o más sanos. En realidad, se trata de la comprobación de que nunca estamos solos. La fuerte energía de la unión amorosa no se puede romper jamás.

La idea de la inmortalidad del alma y del despertar de nuevo de la consciencia, en un cuerpo distinto cada vez y con una apariencia diferente, nos puede ofrecer consuelo y sustento. El dolor de la separación y el recuerdo de la pérdida de una persona amada no nos devuelve, naturalmente, a la persona querida físicamente, porque los planos existenciales son diferentes. Pero si nos abrimos al mundo espiritual que nos rodea y dejamos abierto nuestro interior, encontraremos pruebas de que los muertos están junto a nosotros.

Brian Weiss escribe al respecto: «Todos somos inmortales, divinos e imperecederos. La muerte no significa otra cosa que atravesar una puerta y entrar en otro espacio. Siempre regresamos para aprender determinadas lecciones o características del carácter como, por ejemplo, el amor, el perdón, la comprensión, la paciencia, la vida consciente, la no violencia. Aprendemos a deshacernos de otras características: el temor, la rabia, la codicia, el odio, el orgullo, el egoísmo, que no son más que el resultado de los valores tradicionales. A continuación nos despedimos y podemos abandonar esta escuela. Tenemos todo el tiempo del mundo para aprender y para deshacernos de las demás cosas; somos únicos, somos naturaleza divina».[89]

89. Brian L. Weiss, p. 111.

A lo que habría que añadir que esto no siempre se ha de volver a aprender con esfuerzo, sino que se encuentra a nuestra disposición en lo más profundo de nuestro interior, en forma de conocimientos. En realidad, lo único que necesitamos es acordarnos de esta profunda sabiduría.

En otro punto de su libro, Brian Weiss nos dice que en alguna ocasión ha hecho regresar a una vida anterior a algunas parejas simultáneamente. Todas las terapias de regresión tienen en común los temas de la separación y la pérdida, porque se trata continuamente de la curación de heridas psíquicas y de miedos. Los viejos traumas son la causa original de nuestros dolores y síntomas procedentes de nuestro presente o de una vida anterior.

He aquí un ejemplo de Weiss sobre una regresión simultánea de una pareja: «Increíblemente, habían compartido la misma vida anterior. Él había sido en su otra vida un oficial británico en la decimotercera colonia y ella una mujer que vivía allí. A él lo llamaron de Inglaterra para que regresara y no volvió a ver nunca más a su enamorada. Ella quedó destrozada por esta pérdida, pero no había nada que pudiera hacer.

Ambos describían a las mujeres de las colonias con las mismas antiguas ropas. Ambos describían también el barco en el que él abandonó el lugar para regresar a Inglaterra, y también describieron de la misma manera la triste y amarga despedida. Todas las particularidades de su recuerdo coincidían plenamente. Estos recuerdos hacían también transparente el problema de su relación actual. Uno de los principales problemas era el miedo casi enfermizo de ella a separarse de él y la obligación en la que él se veía de asegurarle continuamente que no la dejaría.

El comportamiento de ambos parecía carente de fundamento. Sin embargo, el origen de este comportamiento tenía su raíz en los tiempos coloniales. Otros terapeutas que realizaron la regresión a una vida anterior llegaron a la misma conclusión: los acontecimientos traumáticos prevalecían.

Las escenas de la muerte son muy importantes, porque con frecuencia son de naturaleza traumática. Todas las vidas se parecen las unas a las otras e igualmente lo hacen los acontecimientos más importantes de ellas, porque en todo tiempo y en toda cultura han sido siempre los mismos temas y pensamientos los que han ocupado a la humanidad».[90]

Puede existir más de un afín espiritual, porque también las familias espirituales viajan a través del tiempo. Por otro lado, aun cuando alguien decida casarse con un alma algo menos afín, podrá experimentar algo especial. Cuando en la vida se produce un encuentro de este tipo, viene determinado por el destino. Hay quien no tiene jamás una experiencia así. A este respecto es importante el desarrollo del alma: para un alma perfeccionada es un regalo estar junto a un alma menos perfecta o incluso ignorante. En este caso, la evasión a base de fantasías no suele fallar. Uno se aferra a pensamientos como: «Le puedo o la puedo cambiar; le puedo o la puedo ayudar». Entonces se hace necesario aprender que no se puede obligar a nadie a que se dé cuenta de algo o a que haga las cosas de forma distinta, si el interesado no lo siente igual. El proceso de despertar, de recordar, no puede forzarse. Y con relación a esto, una afinidad espiritual puede ocasionar también mucho sufrimiento. Frecuentemente, los hombres nos vemos encerrados en la consciencia cotidiana, lo que impide el despertar. El requisito primordial para poder reconocer es ser consciente de los muchos planos existenciales del alma. Uno no se encuentra un alma afín todos los días; ocurre como mucho una o dos veces en la vida. Es decisión nuestra si queremos o no seguir la llamada del corazón. En último lugar, la satisfacción total sólo puede suceder cuando ambas almas afines son conscientes de que lo son y ambas se recuerdan. Si esto ocurre, es como tener el cielo en la Tierra.

✵ Experiencias cercanas a la muerte y regresión

En los últimos veinticinco años se ha efectuado un cambio de consciencia decisivo: toda una generación de personas crecen escuchando hablar de experiencias cercanas a la muerte, de regresiones

90. Brian L. Weiss, pp. 168 y siguiente.

a una vida anterior, del abandono pasajero del cuerpo, de apariciones del Más Allá (es decir, de los llamados Contactos Cercanos a la Muerte) y de una gran cantidad de fenómenos espirituales. Las películas y la televisión tratan muchas veces el tema en programas de debate o en las numerosas series de misterio.

Los asiduos trabajos de investigación siguiendo a Kübler-Ross y a Moody harán pronto posible la salida a la luz de las visiones paranormales o de las experiencias espirituales de las personas normales sin ningún problema. Se han desarrollado diferentes técnicas para dar lugar o fomentar las capacidades visionarias de los hombres (por ejemplo, viajes astrales, técnicas de regresión que comprenden desde la hipnosis a estados alfa totalmente inofensivos, etc.). En los últimos años, Moody desarrolló una técnica, con cuya ayuda los adultos en estado de vigilia podían ver apariciones vivas —llenas de color, tridimensionales, de tamaño natural y que se movían solas— de parientes y amigos muertos. Hasta incluso los colegas más obstinados se convencieron de la veracidad de sus encuentros provocados. Todas estas técnicas distintas son un medio de transformar la consciencia.

Las experiencias cercanas a la muerte y los conocimientos paralelos en el campo de las investigaciones sobre la regresión se complementan los unos a los otros. La afirmación, repetida una y otra vez, de las personas que han tenido una ECM o han experimentado una regresión es que la vida no se acaba con la muerte, y que la tarea más importante que tenemos en la Tierra es aprender a amar. El doctor Weiss resume sus conocimientos en esta materia como sigue: «Los pacientes que describen su muerte en una vida anterior, utilizan las mismas imágenes, descripciones y metáforas que los niños y los adultos que han tenido ECM. Las similitudes son sorprendentes, aunque las vivas descripciones de la muerte en una vida anterior por lo general proceden de pacientes hipnotizados, que antes no estaban familiarizados con los textos técnicos que tratan el tema de las ECM».[91]

91. Brian L. Weiss: *Heilung durch Reinkarnationstherapie. Ganzwerdung uber die Erfahrung früherer Leben* (Liberación gracias a la terapia de la reencarnación. Nacer nuevamente a través de la experiencia de una vida anterior); Múnich, 1995; p. 66.

También se produce un cambio de valores, perspectivas y modos de ver la vida tras una terapia de regresión eficaz, por lo que el componente espiritual es claramente la base de la curación: «Tan pronto como los hombres experimenten en carne propia que no mueren cuando muere su cuerpo, serán conscientes de su naturaleza divina que sobrevive al nacimiento y la muerte. Este pensamiento fomenta el deseo de vivir y de ser curado, así como la idea de que puede llevar, y de hecho, lleva a la curación. Los pacientes pasan a ser conscientes de las fuerzas superiores que están en nuestro interior y a través de las cuales dominamos nuestra vida y podemos reconocer y aprovechar al máximo nuestro potencial divino. Tienen menos miedo y están más tranquilos. Una parte aún más grande de su energía puede ser dirigida al proceso de curación, siendo así apartada del miedo y el sufrimiento».[92]

He aquí un ejemplo: Kathy, una comerciante de 38 años de edad, padecía sobrepeso y ataques de pánico sobre todo al conducir. Los ataques de pánico comenzaron cuando se dio cuenta de que en una infancia anterior había sufrido varias desgracias traumáticas y reprimidas. Deseaba averiguar más con relación a su sobrepeso. Se vio a sí misma en la época nazi, durante la cual se llevaron a cabo experimentos médicos inhumanos con ella. Murió en un campo de concentración, hecha un esqueleto, y experimentó su muerte como la tan deseada salvación de las torturas por las que pasaba. Flotó por encima de su cuerpo y pronto descubrió una luz muy clara por la que se sintió atraída como un imán. Aquella luz le daba consuelo a Kathy y se vio inundada por un increíble sentimiento de paz y de amor.[93]

Gracias a la regresión, Kathy supo que deseaba protegerse del trauma que le había ocasionado morir de hambre, pero ya no necesitaba esa protección por más tiempo. Al cabo de entre seis y ocho meses había perdido prácticamente todo el sobrepeso.

Las regresiones confirmaron la invariable y parecida experiencia de la propia muerte. La parte consciente del hombre, el alma, aban-

92. Brian L. Weiss, p. 86.
93. *Ibid.*, p. 89.

dona el cuerpo en el momento de la muerte y es atraída después por una luz que otorga una maravillosa energía, llena de amor. Están presentes algunos espíritus para ayudar a hacer el tránsito. Todo esto sucede de forma automática. Las personas que han sido sometidas a una regresión pierden el miedo a la muerte al recordar diferentes experiencias de muerte.

El miedo a la muerte es tan excesivamente poderoso que la persona ha de realizar violentos esfuerzos para sobreponerse a él: indicios de ello son la locura juvenil generalizada, el excesivo entrenamiento físico, una concienciación exagerada —casi de pánico— por la salud, la acumulación de posesiones materiales, la ilusión de poder comprar la seguridad, etc. La muerte resulta de una fuerza tan extraordinaria que hace que se olvide por completo el verdadero sentido de nuestra vida: el hombre se convierte en la pelota de los medios de comunicación que todos los días difunden el omnipresente miedo a la muerte en cada vez una nueva faceta: miedo al dolor, a la criminalidad, a los atracos, al cáncer (por ejemplo, la campañas antitabaco), miedo al sufrimiento, a una alimentación inadecuada (¡que hace que ya no se pueda comer de nada!), a los virus del aire, el agua o la tierra, etc. El miedo constante a que nos pase algún imprevisto no nos deja percatarnos de que a través de nuestros pensamientos atraemos aquello que menos queremos. Pero el que pierde el miedo a la muerte será libre de verdad: la muerte no es ni mucho menos lo peor que nos puede pasar. Millones de personas que han pasado por una experiencia cercana a la muerte o por una regresión han podido mejorar notablemente su calidad de vida al reconocer que el miedo a la muerte es el verdadero bloqueo.

Mucha gente no tiene ninguna confianza en la continua presencia de la fuerza primitiva (Dios), que vela por nuestra seguridad: aquél que se dé cuenta de que la muerte no existe, sabrá que a él nunca le puede ocurrir nada malo. Es la continua duda del hombre lo que oscurece y desazona nuestros pensamientos.

Brian Weiss expresa las experiencias sobre esta materia con sus pacientes de la siguiente forma: «... se trataba del miedo a la muerte, este miedo latente y constante, que no puede ser neutralizado ni por el dinero ni por el poder, —ése era el núcleo—. La vida no tiene fin, así es que no morimos nunca y nunca naceremos de verdad —si los hombres supieran esto, el miedo desaparecería. Si supieran que han vivido ya varias veces y que aún tienen que vivir otras muchas, ¡qué confiados se sentirían! Si supieran que los espíritus están presentes, mientras se encuentran en el cuerpo físico y en el ámbito posterior a la muerte para acompañarles hasta el estado espiritual, se unirían a estos espíritus a los que pertenecen también sus parientes muertos. ¡Qué bien les haría todo esto! Si supieran que de verdad existe el ángel de la guarda, ¡cuánto más seguros se sentirían! Si supieran que la violencia y las injusticias inflingidas a los hombres no quedan olvidadas, sino que han de ser atendidas en otra vida, cuánta menos furia y deseo de venganza alimentarían».[94]

La luz después de la muerte y la vida después de la muerte, nuestra elección sobre cuándo naceremos y moriremos, no es algo que se pueda calibrar a lo largo de los años, sino en la eternidad. A través del aprendizaje continuo y el cumplimiento de las tareas que nos hemos impuesto a nosotros mismos es posible parecerse a Dios a medida que se crece en experiencia y en amor: la creencia, el amor, la esperanza y las acciones resultantes de ello constituyen el camino a casa.

Los rápidos procesos y las curaciones conseguidas con la terapia de reencarnación, incluso en los casos de síntomas rebeldes, se deben a la fuerza del recuerdo, al igual que pasa en las experiencias cercanas a la muerte. Quien recuerda el profundo sentido de la vida y de la muerte como parte integrante natural de la vida, será más paciente, más comprensivo y más cariñoso. Un hombre tal se siente responsable de sus acciones, igual da que sean positivas o negativas. Se entenderá la consecución y la significación de todo lo que sucede; el conocimiento debe permanecer vivo o de lo contrario será pura teoría. Si el hombre se deja arrastrar por la codicia y la ambición, y a causa de éstas le gobierna el miedo, se destruirá a sí mismo con el tiempo. En nosotros está la elección.

94. Brian L. Weiss: *Die zahlreichen Leben der Seele. Die Chronik einer unge-wöhnlichen Rückführungstherapie* (Las numerosas vidas del alma. La crónica de una terapia del regreso poco habitual); Múnich, 1994; p. 108 y siguiente.

✡ En perspectiva

El investigador de la reencarnación Rabbi Yonnasan Gershom, planteó en su conferencia sobre el esoterismo y la kábala judíos, la posibilidad de que durante el holocausto los judíos quemados y gaseados se reencarnarán en el cuerpo y el alma de las generaciones no judías posteriores a la guerra.

Sus investigaciones resultan como consecuencia del relato de una mujer joven, sobre la que habla en su libro *Beyond the Ashes* (Más allá de las cenizas): «Desde su infancia, la simple mención del holocausto le infundía un miedo inexplicable. En una ocasión, su hermana hacía un trabajo sobre los campos de concentración e insistió en mostrarle el material que estaba manejando, pero ella no lo pudo soportar. Mientras mi paciente hablaba, yo pude ver el miedo en sus ojos profundamente azules. De repente sentí que entraba en otro plano de consciencia, lo que me pasaba a veces durante las consultas. Vi como tras su bello rostro se escondía otro mucho más delgado y consumido. Al mismo tiempo escuché varias voces que cantaban de una forma antigua. Para mí era como si nos moviéramos entre dos épocas distintas... "Me gustaría intentar algo", le dije, "permítame tararear una melodía y dígame si la ha oído alguna vez". Empecé a tararear y sus ojos se abrieron horrorizados. Después se derrumbó y empezó a sollozar diciendo que había muerto en el holocausto. La melodía era "Ani Maamin", me parece. Con esta canción piadosa en los labios fueron conducidos miles de judíos a las cámaras de gas. Nunca había oído esta canción en su vida».

Finalmente, Rabbi Gershom fue encontrando cada vez a más personas que creían ser una reencarnación del holocausto. Las características más extrañas de este perfil se describen a continuación.

1. Pesadillas de la infancia, fobias con el tema del holocausto que no le son conocidas a la persona o a la familia; por ejemplo, un miedo irracional a las botas negras.
2. Antecedentes no judíos, pero muestras de obligaciones y formas de comportamiento que se refieren a los rituales y a las costumbres judías.

3. Un pasado judío, pero explícitamente antirreligioso, y no obstante, una comprensión innata por la mística judía.
4. La sensación de estar desplazado en la familia; Gershom lo atribuye al hecho de que los niños que murieron en el holocausto, regresaron más rápidamente a la vida que los adultos.
5. Haber nacido entre 1946 y 1953.
6. Asma, problemas de respiración y/o disfunciones alimentarias.
7. Ser el único en la familia que tiene pelo u ojos claros.
8. Clara impresión de honradez.

Gershom creyó que era tarea suya revelar en la segunda generación las torturas por las que pasaron las víctimas del holocausto. Piensa que este sufrimiento no desaparece por sí solo, sino que se modifica gracias a los sucesivos renacimientos. Sólo así se pueden comprender también las repercusiones del propio acontecimiento histórico.

Entretanto apareció la traducción alemana *¿Regresan las víctimas del holocausto?*, donde se recogen las conversaciones con cientos de personas que recordaban experiencias de su pasado judío durante la época nazi. Se trata de norteamericanos que nacieron entre 1945 y 1953. No estamos en ningún caso ante excepciones o casos particulares. El espíritu abierto de Yonnasan Gershom, escritor y cuentista chassidim, hace que el lector se involucre intensamente en el conocimiento de las teorías sobre la reencarnación. Seguramente, en el futuro habrá que contar con nuevos puntos de vista en lo referente al tema del holocausto gracias a las investigaciones sobre la reencarnación.

El renacimiento, pues, parece también comenzar su marcha triunfal en el mundo occidental. ¡La clave está en recordar!

Epílogo

Fuerza explosiva espiritual del recuerdo

El hombre es algo más que su cerebro: es el espíritu eterno e inmortal, que está unido a la materia a través del cuerpo. Las experiencias cercanas a la muerte nos instruyen sobre la existencia de una fuerza superior a la que llamamos Dios. Dios no es una persona, ni un padre todopoderoso, sino la fuerza creadora que es el amor.

La experiencia de la cercanía de la muerte prueba que la extinción, tan temida por la mayoría de los hombres, no ocurre; en su lugar se produce un recuerdo del hogar espiritual que permite liberar a los hombres. Las experiencias cercanas a la muerte son universales. Se dan en todas las culturas siguiendo un esquema muy parecido, y son totalmente independientes de las ideas religiosas y teológicas. Queda demostrado que tras todo acontecimiento hay un espíritu consciente e inteligente. Sin aquello a lo que llamamos Dios, sin esta fuerza primitiva y original, todos estos fenómenos serían impensables e imposibles. Sin la fuerza que hace moverse al universo, no existiríamos. Eso es algo que saben los científicos y los astrónomos actuales. Las nuevas mediciones del supertelescopio Hubble prueban la extensión ilimitada del universo. El tiempo es eterno, y nuestro universo parece ser tan sólo uno de los muchos que existen. Los científicos hablan ya de una segunda revolución copernicana: según el nuevo modelo del mundo, el universo se extendió poco después de su origen a una velocidad superior a la velocidad de la luz. Esto hace llegar a los científicos a la conclusión de que a la vista de los datos que se tiene, ha de existir una «fuerza de vacío». En este vacío entre las galaxias habita la energía que expandió el universo. Esto es lo que ha hecho pensar a los científicos que han de existir varios universos. Los científicos suponen que en otros mundos ha de haber un tipo de vida muy diferente al de nuestra dimensión de espacio y tiempo. Los científicos están a las puertas del misterio que entraña la fuerza primitiva y original. Dios está muy cerca; casi se puede palpar.

Además, la existencia del orden en el universo aumenta esta probabilidad: tan sólo un diminuto traslado de las constantes de la naturaleza haría imposible que se pudiera originar vida —y con ella, inteligencia— en ninguna parte del universo. Por supuesto, la imagen de Dios de la física moderna está muy lejos de la idea de un padre todopoderoso, fundador de la religión. Einstein, el padre de la teoría de la relatividad creía en el Dios de Spinoza, «... que se manifiesta en la legítima armonía de lo existente, no en un dios que se ocupa del destino y de las acciones de los hombres».[95]

El hecho de que Dios no se inmiscuya en el destino y las acciones de los hombres se deduce de los relatos de las personas que han tenido experiencias cercanas a la muerte. Toda persona que ha pasado por una experiencia de luz, habla de un amor incondicional, antes no conocido. ¡Dios es el amor! Si interviniera permanentemente en el devenir humano, no tendríamos ninguna elección libre de acción. Pero puesto que somos seres espirituales, que tan sólo han de ocuparse de recordar su propia procedencia y su hogar, es el recuerdo a través de una experiencia cercana a la muerte del conocimiento que hay tras el conocimiento lo que permite que el hombre se transforme de forma notable. Ahí detrás está, pues, el reconocimiento de la propia responsabilidad. Con la suma de sus pensamientos, acciones y palabras, el hombre se crea su propio destino. Si somos capaces de recibir el sufrimiento y las limitaciones como una señal llena de amor, será

95. Véase también: «Der Spiegel» 52/98.

evidente, dentro de un contexto significativo espiritual más amplio, que en todo momento, en el aquí y el ahora, podamos transformar nuestra vida con una sola decisión.

Toda decisión humana se basa o bien en el miedo o en el amor con las correspondientes consecuencias. Toda persona tiene libertad de elección, sin la intervención de Dios. En este sentido, todas las experiencias de sufrimiento y de pérdida a las que, como hombres, nos tenemos que enfrentar, son posibilidades de transformación y de progreso en entendimiento y en amor. Nada sucede por casualidad.

Es únicamente el miedo el que nos impide reconocer el contexto más amplio que está tras las cosas. El miedo, el temor, la duda nos limitan; el amor se muestra en la inmensidad. Las personas que han pasado por una experiencia cercana a la muerte saben que ya no deben tener miedo, pues a través de su experiencia han obtenido confianza en la fuerza primitiva y original.

Sólo la falta de esta confianza hace que muchos hombres se rindan, que se vayan a pique y, sobre todo, que no entiendan. Se encierran a sí mismos en los estrechos límites del nihilismo y el fanatismo, en los que nada tiene sentido y todo es igual e intercambiable a voluntad.

Por el contrario, las experiencias cercanas a la muerte a través del recuerdo se presentan como un potencial espiritual. Si sencillamente es posible que, a través de una experiencia tal, que normalmente no dura más de cinco minutos, el afectado se vea transformado, es seguramente porque tiene un inmenso potencial de liberación. También a través de la intensa ocupación con el acto de morir y lo que sucede en ese momento, los miedos latentes desaparecen y se convierten en confianza. Se aprende que no existe la muerte. La muerte es sólo un paso, un tránsito, a otra forma del ser. El hecho de que los científicos no hayan conseguido explicar esta experiencia de forma neurofisiológica como falta de oxígeno, alucinación o liberación de endorfinas prueba el carácter metafísico y espiritual de esta experiencia universal.

Tan pronto como las personas afectadas se encuentran fuera de sus cuerpos, no sólo pueden observar todo lo que sucede a su alrededor, sino que pueden moverse con la rapidez del pensamiento por todo el mundo o del universo. La descripción de acontecimientos que suceden muy lejos del lugar en el que se produce la experiencia cercana a la muerte —sea el lugar del accidente o el hospital—, prueba la persistencia de la consciencia humana, o sea, aquello a lo que llamamos alma como portador de esta consciencia. Por esto, el conocimiento, las ideas y las especulaciones de todas las doctrinas religiosas son análogas al conocimiento de estas experiencias, que cada vez se extienden más hoy en día. Si las grandes religiones, incluidas las primitivas, disponen de misteriosas prácticas de iniciación, sin duda éstas siempre contienen encuentros con la muerte. Sólo el que al final es capaz de perder el miedo a la extinción del entendimiento puede convertirse en chamán, sacerdote o iniciado. Incluso los místicos conocían este estado como *la noche oscura del alma*.

En la actualidad, un buen número de psicoterapias de larga duración ofrecen la posibilidad de profundizar en el conocimiento que hay detrás del conocimiento. Los cincuenta millones de personas que han pasado por una experiencia cercana a la muerte han sentido seguridad en pocos minutos. El aumento de estas experiencias espirituales de transformación es claramente un indicador de la necesidad de recordarse a uno mismo que precede al cambio de consciencia de la humanidad y en el que éste se basa. Es la experiencia de lo divino en realidad lo que saca a los hombres de sus limitaciones. Las experiencias cercanas a la muerte son así la experiencia más directa de un conocimiento sobre la muerte.

La otra experiencia, que concierne igualmente a millones de hombres de todo el mundo, es la experiencia directa de los hombres que ya la han vivido antes: la reencarnación. Las posibilidades actuales de realizar terapias de regresión y reencarnación sin necesidad de sacrificar mucho tiempo han liberado a millones de personas del padecimiento de traumas profundamente asentados; además de esto, una regresión a una vida anterior siempre va acoplada a distintas y revividas experiencias cercanas a la muerte. Las vivencias de experiencias de muerte durante muchas regresiones confirman la experiencia de una ECM. La paz, la ausencia de dolores, el flotar sobre el cuerpo, el encuentro con la luz como amor incondicional, todos los elementos se vuelven a recordar, por así decirlo. Las personas que han pasado por una experiencia de reencarnación también pierden el miedo a la muerte. A través de las terapias de regresión y reencarnación, el hombre, igual que a través de una experiencia cercana a la muerte, alcanza su propia fuente interior. Muchas de las personas que buscan esta fuente se dan cuenta de que las verdades eternas se hallan en el interior del hombre —más allá de los sistemas de creencias tradicionales que hasta ahora han indicado al hombre lo que debe creer. La nueva consciencia, el cambio global de consciencia de finales del siglo xx también tiene que ver con la teoría de la reencarnación: no sólo hay un aumento claro del interés sobre el tema, sino que el profesor y psiquiatra norteamericano Ian Stevenson ha comprobado con métodos científicos la existencia de la reencarnación. En enero de 1999 apareció su libro *Pruebas de la reencarnación en Alemania* y causó una considerable sensación. Según la idea de la reencarnación, toda persona regresa por su propio camino espiritual al eterno hogar y además es el único responsable de que así sea. En la medida en la que esto ha llegado a la consciencia de millones de personas, las ideas de la Iglesia tradicional se desmoronan: es la revolución del pensamiento sobre el mundo y nosotros mismos.

Al igual que en las experiencias cercanas a la muerte, en la base de las regresiones a una vida anterior está el concepto clave del «recuerdo», que contiene claramente un inmenso potencial de curación. En el reconocimiento de la totalidad se encuentra el núcleo de la transformación global referida a una nueva época de la historia de la humanidad. También los frecuentes contactos con los muertos resultan consoladores y remiten a los afectados a un contexto significativo espiritual más amplio. Los moribundos que tienen visiones experimentan el reencuentro con personas que llevaban muertas mucho tiempo y pueden así hacer el tránsito en paz.

Lo que han alegado los científicos serios en los últimos veinticinco años contra la existencia de una vida después de la muerte con relación a las experiencias cercanas a la muerte y la reencarnación, es en su lógica consecuencia de una clara prueba de la existencia de una vida después de la muerte. Son las consecuencias que se derivan de este conocimiento las que permiten aferrarse todavía a tanta gente a los viejos y renovados paradigmas científicos. Pero es un hecho que toda la sociedad, con su actual orientación materialista, entumecida y parcial, se transforma en una sociedad esencialmente humana que también cuida y protege a los pobres y a los débiles. El conocimiento de que todos los hombres sin excepción tienen su origen en la misma fuente divina y que formamos un gran todo en el que cada uno deberíamos encontrar nuestro lugar, porque para el buen funcionamiento de la máquina es necesaria hasta la más pequeña de las ruedas, lleva automáticamente a una mayor responsabilidad propia, justicia, caridad y amor. En tanto el hombre se aferre a sus limitaciones y a sus miedos, sólo habrá guerra, injusticia, hambre, sufrimiento y necesidad. La ignorancia y la duda pueden ser vencidos: el que contemple, libre de prejuicios, el voluminoso material que hoy existe sobre la muerte, se encontrará siempre con el amor incondicional, la luz que está detrás de todo. Es hora de despertar, porque el plazo de tiempo concedido se ve claramente en el horizonte.

Por último, aunque no en último lugar, en las crisis globales, las catástrofes naturales y las conmociones económicas reside un potencial transformador que puede despertar a los hombres. Pero si por fin somos capaces de deshacernos del miedo, experimentaremos la pertenencia a una fuente espiritual que permanece abierta a todos. Y es que más allá del miedo no está la extinción, sino la gran renovación espiritual.

Tenemos que aprender a amar otra vez, y lo podemos hacer no despachando a los moribundos tras muros anónimos, sino acompañándolos y dándoles cariño sea en casa, en el hospital, en un hospicio o en una residencia. Hay que agradecer a Elisabeth Kübler-Ross el que hoy en día podamos elegir *dónde* queremos morir. Seamos cuidadosos y cariñosos con los demás ¡todos los días! Así es como nosotros mismos no necesitaremos, cuando nos llegue la hora, tener miedo, porque tras hacer el tránsito comienza una vida eterna para todos.

Glosario

ALUCINACIÓN. Ilusión de los sentidos.

ARQUETIPO. Término de C. G. Jung según el cual determinados modelos, que proceden de las experiencias de nuestros antepasados, se guardan en el subconsciente colectivo de todos los hombres.

BARDO. Término budista del Libro de los muertos tibetano que alude a la vida entre la muerte y el renacer.

CAPACIDADES PARANORMALES. Concepto de la parapsicología referido a fenómenos y efectos que contradicen las expectativas de la física.

COMA. Estado intermedio entre la vida y la muerte.

CONTRASEÑAS. Visiones de los moribundos que son transmitidas a los parientes presentes en el lecho de muerte.

CHAMANISMO. Ritual de curación (o liberación del espíritu) de algunos iniciados de ciertos pueblos primitivos que está unido a largos ritos y fórmulas mágicas.

DEPRESIÓN. Dolencia psíquica caracterizada por un estado de ánimo abatido, desalentado; abatimiento, desánimo.

ECM. Abreviatura de experiencia cercana a la muerte.

Ego. El «yo».

Endorfina. Droga endógena.

Hipnosis. Estado de consciencia similar al sueño, inducido por sugestión.

Hipoxia. Disminución del suministro de oxígeno a los tejidos.

IANDS. International Association for Near-Death Studies.

Interacción. Relación de intercambio entre personas y grupos.

Intuición. Inspiración, comprensión a través del presentimiento; conocimiento inmediato, sin mediar el razonamiento.

Karma. Destino que determina a los hombres.

Mística. Afán de sumergirse completamente en el amor divino.

Monoteísmo. Creencia en un solo dios.

OBE. *Out of Body Experience*, Término técnico inglés para referirse a la experiencia extracorporal.

Objetivo. Que existe realmente, independientemente de la persona.

Politeísmo. Creencia en muchos dioses.

Psique. Espíritu, alma, consciencia en el lenguaje técnico de la psicología.

Psicosis. Término de la psiquiatría referido a varios tipos de problemas psíquicos; también designa enfermedades mentales.

Reencarnación. Volver a nacer.

Regresión. En este contexto, tipo de terapia que hace retroceder a una vida anterior.

Serotonina. Sustancia endógena.

Sesión psicodélica. Forma de psicoterapia en la que se utiliza un alucinógeno (LSD).

Sincronización. Llamadas «casualidades» que en realidad no existen; una serie de acontecimientos simultáneos.

Subjetividad. Experiencia personal ligada a una determinada persona, interpretación o visión personal de las cosas, particularidad.

Talmud. Escrito sagrado de los judíos.

Tanatología. Investigación sobre la muerte y el acto de morir.

Telepatía. Transmisión de pensamientos.

Trance. Estado de consciencia ampliada, similar al sueño.

Transcendencia. Traspaso de los límites de la experiencias de la consciencia.

Transcendente. Sobrenatural.

Transformación. Cambio.

Trascendencia del «yo». Sobrepasar las fronteras del «yo»; ampliación de la consciencia.

Visión. Contemplación mental subjetiva, apariencia religiosa o que se da en sueños.

Bibliografía

Muerte como paso a una nueva vida

ALTEA, ROSEMARY: *Sag ihnen, daB ich lebe* (Diles que estoy vivo); Goldmann, 1995.

ARIÈS, PHILIPPE: *Studien zur Geschichte des Todes im Abendland* (Estudios sobre la historia de la muerte en Occidente); dtv, 1981.

——: *Geschichte des Todes* (Historia de la muerte); dtv, 1982.

BRINKLEY, DANNION y PERRY, PAUL: *Zurück ins Leben. Die wahre Geschichte des Mannes, der zweimal starb* (De vuelta a la vida. La historia auténtica del hombre que murió dos veces); Knaur Libro de bolsillo, 1994.

BROWNE, MARY T.: *Jenseits der Schwelle. Erfahrungen einer Hellsichtigen mit Karma, Tod und dem Leben danach* (Atravesar el umbral. Las experiencias de un clarividente con el karma, la muerte y la vida posterior a ésta); Knaur Libro de Bolsillo, 1995.

COX-CHAPMAN, MALLY: *Begegnungen im Himmel. Beweise für ein Leben nach dem Tod* (Encuentros en el cielo. Pruebas de la existencia de vida después de la muerte); Ullstein Libro de bolsillo, 1997.

EADIE, BETTY J.: *Licht am Ende des Lebens. Bericht einer aussergewöhnlichen Nah-Todeserfahrung* (Luz al final de la vida. Relato de una experiencia cercana a la muerte extraordinaria); Knaur Libro de bolsillo, 1994.

ELSAESSER-VALARINO, EVELYN: *Erfahrungen an der Schwelle des Todes. Wissenschaftler äussern sich zur Nahtodeserfahrung* (Experiencias en el umbral de la muerte. Los científicos se manifiestan sobre las experiencias cercanas a la muerte); Ariston, 1995.

FAERBER, REGINA: *Der verdrängte Tod. Über die Kultur im Umgang mit unseren Toten. Geistige und praktische Hilfe (*La muerte reprimida. Sobre la cultura de las relaciones con nuestros muertos. Ayuda práctica y espiritual); Ariston, 1995.

FENIMORE, ANGI: *Jenseits der Finsternis. Eine Nahtoderfahrung, die in die Schattenwelt führte* (Más allá de la oscuridad. Una experiencia cercana a la muerte que llevó al mundo de las sombras); Knaur Libro de bolsillo, 1996.

FIORE, EDITH: *Besessenheit und Heilung. Die Befreiung der Seele* (Locura y curación. La liberación del alma); Silberschnur, 1997.

——: *La posesión: liberándose de espíritus dañinos*; Edaf, 1988.

FUCHS, WERNER: *Todesbilder in der modernen Gesellschaft* (Imágenes de la muerte en la sociedad moderna); Suhrkamp Libro de bolsillo, 1973.

GEORGIAN, LINDA: *Gespräche nach dem Tode. Trost und Hoffnung aus der anderen Welt* (Conversaciones después de la muerte. Consuelo y esperanza venidos del otro mundo); Heyne Libro de bolsillo, 1997.

GROF, STANISLAV y GROF, CHRISTINA: *Jenseits des Todes. An den Toren des Bewusstseins* (Más allá de la muerte. En las puertas de la consciencia); Kösel, 1984.

GROF, STANISLAV y HALIFAX, JOAN: *Die Begegnung mit dem Tod* (El encuentro con la muerte); Klett-Cotta, 1994.

GROF, STANISLAV: *Kosmos und Psyche* (Cosmos y psique); Krüger, 1997.

GUGGENHEIM, BILL y LUDY: *Trost aus dem Jenseits. Unerwartete Begegnungen mit Verstorbenen* (Consuelo desde el Más Allá. Encuentros inesperados con los muertos); Scherz, 1997.

KÜBLER-ROSS, ELISABETH: *Interviews mit Sterbenden* (Entrevista con los muertos); Gütersloher Verlagshaus, 1984.

——: *Kinder und Tod* (Los niños y la muerte); Kreuz, 1989.

——: *Los niños y la muerte*; Luciérnaga, 1999.

——: *Erfülltes Leben - würdiges Sterben* (Vida satisfecha, muerte digna); Gütersloher Verlagshaus, 1993.

——: *Sterben lernen - Leben lernen. Fragen und Antworten* (Aprender a morir, aprender a vivir. Preguntas y respuestas); Silberschnur, 1993.

——: *Über den Tod und das Leben danach* (Sobre la muerte y la vida después); Silberschnur, 1994.

——: *Der Liebe Flügel entfalten* (Desplegar las alas del amor); Silberschnur, 1996.

——: *Das Rad des Lebens. Autobiographie* (La rueda de la vida. Autobiografía); Delphi, 1997.

——: *La rueda de la vida*; Ediciones B, 1997.

——: *Sehnsucht nach Hause* (Nostalgia de casa); Silberschnur, 1997.

——: *Warum wir hier sind.* (¿Por qué estamos aquí?); Silberschnur, 1999.

LORIMER, DAVID: *Die Ethik der Nah-Todeserfahrungen* (La ética de las experiencias cercanas a la muerte); Insel, 1993.

MOODY, RAYMOND: *Leben nach dem Tod* (Vida tras la muerte); Rowohlt, 1977.

——: *Vida después de la vida*; Edaf, 1984.

——: *Das licht von drüben* (La luz del otro lado); Rowohlt, 1989.

——: *Leben vor dem Leben* (Vida antes de la vida); Rowohlt, 1990.

MORSE, MELVIN y PERRY, PAUL: *Zum Licht. Was wir von Kindern lernen können, die dem Tode nahe waren* (Hacia la luz. Lo que podemos aprender de los niños que estuvieron cerca de la muerte); Knaur, 1994.

——: *Hacia la luz: experiencias próximas a la muerte en los niños*; Edaf, 1991.

——: *Verwandelt vom Licht. Über die transformierende Wirkung von Nah- Todeserfahrungen* (Transformado por la luz. Sobre el efecto transformador de las experiencias cercanas a la muerte); Knaur, 1994.

NULAND, SHERWIN B.: *Wie wir sterben* (Cómo morimos); Kindler, 1994.

OSIS y HARALDSON: *Der Tod ein neuer Anfang. (Jenseitsvisionen)* (La muerte un nuevo comienzo. [Visiones del Más Allá]); Esotera, Libro de Bolsillo.

——: *Lo que vieron a la hora de la muerte*; Planeta-De Agostini, 2003.

Van Praagh, James: *Und der Himmel tat sich auf. Jenseitsbotschaften Über die geistige Welt und das Leben nach dem Tode* (Y el cielo se abrió. Mensajes del Más Allá sobre el mundo espiritual y la vida después de la muerte); Arcana-Goldmann, 1998.

Ring, Kenneth: *Den Tod erfahren, das Leben gewinnen.* (Experimentar la muerte, obtener la vida); Bastei-Lübbe, 1988.

Ring, Kenneth y Elsaesser-Valarino, Evelyn: *Im Angesicht des Lichts. Was wir aus Nah- Tod-Erfahrungen für das Leben gewinnen.* (En presencia de la luz. Lo que sacamos de las experiencias cercanas a la muerte para nuestra vida); Ariston, 1999.

Ritchie, Lean: *Blicke ins Jenseits. Berichte von der Schwelle zum Tod* (Una mirada al Más Allá. Relatos desde el umbral de la muerte); Bastei-Lübbe, 1997.

Roberts, Jane: *Individuum und Massenschicksal: Der Mensch als Urheber allen Umweltgeschehens* (El destino del individuo y de la masa. El hombre como creador de los acontecimientos ambientales); Ariston, 1988.

Sabom, Michael: *Erinnerung an den Tod* (Recuerdo de la muerte); Goldmann, 1984.

Schäfer, Hildegard: *Dialog mít Claudius. Impulse aus einer anderen Welt* (Diálogo con Claudio. Impulsos de otro mundo); Drei Eichen-verlag, 1992.

Sutherland, Cherie: *Tröstliche Begegnung mit verstorbenen Kindern* (Encuentros consoladores con niños muertos); Scherz, 1998.

Williamson, Linda: *Kontakte mit der geistigen Welt* (Contactos con el mundo de la mente); Ullstein, 1998.

Winkler, Engelbert J.: *Das Abendländische Totenbuch. Der Tag an dem Elias starb* (El libro de los muertos occidental. La noche que murió Elías); Corona, 1996.

«Reencarnación»

Bache, Christopher M.: *Das Buch von der Wiedergeburt* (El libro de la reencarnación); Scherz, 1995.

Fassbender, Ursula: *Reinkarnation. Berichte aus einem fruheren Leben* (Reencarnación. Relatos de una vida anterior); Heyne, 1988.

FISHER, JOE: *Die ewige Wiederkehr* (El regreso eterno); Goldmann, 1990.

GERSHOM, YONASSAN: *Kehren die Opfer des Holocaust wieder?* (¿Regresan las víctimas del Holocausto?); Verlag am Goetheanum, 1997.

HAUSDORF, HARTWIG: *Rückkehr aus dem Jenseits. Das geheimnisvolle Phänomen der Wiedergeburt* (Regreso del Más Allá. Los misteriosos secretos del renacimiento); Knaur, 1997.

HARDO, TRUTZ: *Entdecke deine früheren Leben* (Descubre tu vida anterior); Peter Erd Neuausgabe, 1997.

———: *Wiedergeburt. Die Beweise* (Renacimiento. Pruebas al respecto); Peter Erd, 1998.

MANN; A. T.: *Das Wissen über Reinkarnation* (Lo que se sabe sobre la reencarnación); Zweitausendeins, 1997.

MICHEL, PETER: *Karma und Gnade. Die Synthese von christlicher Mystik und östlicher Weisheit* (Karma y misericordia. La síntesis de la mística cristiana y la sabiduría oriental); Goldmann, 1998.

MILLER, SUKIE: Nach dem Tod. Stationen einer Reise (Después de la muerte. Las paradas de un viaje); Deuticke, 1998.

MOODY, RAYMOND A.: *Leben vor dem Leben* (Vida antes de la vida); Rowohlt, 1990.

PASSIAN, RUDOLF: *Wiedergeburt. Ein Leben oder viele?* (Renacimiento. ¿Una vida o muchas?); Knaur, 1985.

ROHR, WULFING VON: *Karma und Reinkarnation. Einführung in die Spiritualität* (Karma y reencarnación. Introducción a la espiritualidad); Econ, 1996.

———: *Licht in der Stille - unendlich und geheimnisvoll. Ein Stundenbuch über den Tod und das Leben* (Luz en la quietud, infinita y misteriosa. Un libro que estudia la muerte y la vida); Urania, 1998.

STEVENSON, IAN: *Wiedergeburt. Kinder erinnern sich an frühere Erdenleben* (Renacimiento. Los niños recuerdan su anterior vida en la Tierra); Aquamarin, 1979.

———: *Reinkarnationsbeweise* (Pruebas de la reencarnación); Aquamarin, 1999.

WAMBACH, HELEN: *Leben vor dem Leben* (Vida antes de la vida); Heyne, 1980.

———: *Vida antes de la vida. ¿Hay vida antes de nacer?*; Edaf, 1983.

———: *Seelenwanderung* (Peregrinación de las almas); Goldmann, 1984.

WEISS, BRIAN L: *Die zahlreichen Leben der Seele. Die Chronik einer unge-wöhnlichen Rückführungstherapie* (La rica vida del alma. La cróni-ca de una terapia del regreso poco común); Goldmann, 1994.

——: *Heilung durch Reinkarnationstherapie. Ganzwerdung über die Erfahrung früherer Leben* (Curación a través de la terapia de la reencarnación. Nacer nuevamente gracias a la experiencia de una vida anterior); Knaur, 1995.

——: *Die Liebe kennt keine Zeit. Eine wahre Geschichte* (El amor no entiende de tiempo. Una historia verdadera); Econ, 1999.

WHITTON, JOEL L. y FISHER, JOE: *Das Leben zwischen den Leben* (La vida en medio de la vida); Goldmann, 1989.

WIESENDANGER, HARALD: *Wiedergeburt. Herausforderung für das westliche Denken* (Renacimiento. Un desafío para el pensamiento occi-dental); Fischer, 1991.

——: *Zuriick in frühere Leben. Formen der Reinkarnationstherapie* (De vuelta a la vida anterior. Formas de la terapia de la reencarna-ción); Ulstein, 1995.

WOITINAS, SIEGFRIED: *Von Leben zu Leben* (De vida en vida); Urachaus, 1997.

Índice